教师情感研究书系
第二辑

扎根沃土

乡村教师的教育情感叙事 上册

主　编　田国秀
副主编　康晓伟

北京出版集团
北京出版社

图书在版编目（CIP）数据

扎根沃土：乡村教师的教育情感叙事．上册／田国秀主编；康晓伟副主编．—北京：北京出版社，2024．5
（教师情感研究书系．第二辑）
ISBN 978－7－200－18641－3

Ⅰ．①扎… Ⅱ．①田… ②康… Ⅲ．①农村学校—教育工作 Ⅳ．①G725

中国国家版本馆CIP数据核字（2024）第063235号

教师情感研究书系　第二辑
扎根沃土
乡村教师的教育情感叙事　上册
ZHAGEN WOTU
主　编　田国秀
副主编　康晓伟
*
北京出版集团
北京出版社　出版
（北京北三环中路6号）
邮政编码：100120
网　址：www.bph.com.cn
北京出版集团总发行
新华书店经销
北京虎彩文化传播有限公司印刷
*
787毫米×1092毫米　16开本　12．5印张　174千字
2024年5月第1版　2024年5月第1次印刷
ISBN 978－7－200－18641－3
定价：68．00元

编 委 会

主　　编：田国秀

副 主 编：康晓伟

编　　委（按姓氏拼音排序）：

贺文洁　李梦奇　李明玉　刘　芳　刘忠晖

马晓辉　孟青泉　汪　明　汪甜甜　辛计伏

杨启华　张晓龙　朱小爽　祝　刚

序言

首都师范大学教师教育学院
田国秀

2023年9月，习近平总书记在致全国优秀教师代表的信中指出，教师群体中涌现出一批教育家和优秀教师，具有“心有大我、至诚报国的理想信念，言为士则、行为世范的道德情操，启智润心、因材施教的育人智慧，勤学笃行、求是创新的躬耕态度，乐教爱生、甘于奉献的仁爱之心；胸怀天下、以文化人的弘道追求”，并号召广大教师“以教育家为榜样，大力弘扬教育家精神”。弘扬教育家精神，促进教师专业发展，是当前我国提升教师队伍素质，孕育千百万优秀教师的方向指南。记录教师的教育情感故事，跟踪教师的教育发展历程，传递教师的教育情怀，是弘扬教育家精神的重要渠道。

生命历程是“个体在一生中会不断扮演的社会规定的角色和事件，这些角色或事件的顺序是按年龄层级排列的”（埃尔德，《大萧条的孩子们》）。作为一种跨学科方法，生命历程注重对个体生命历程的纵贯深描，关注社会历史和宏观环境对个体生命历程的影响，抽取宏观社会对微观个体的意义，以此展现个人生命历程中浓缩的社会力量和社会结构。教师的生命历程必定受到特定社会背景的影响，并深刻反映着教师个体的主体特征与价值追求。正如吉尔特等人所说，教师生活中的事件和体验与其专业角色行为联系紧密，并在客观环境和主观能动性的交互影响下作用于教师专业发展。因此将教师专业发展置于其生命全程中分析梳理，有助于广大教师反思职业生涯，觉察专业发展，强化个人成长。

本书中，我们选取了20位乡村教师撰写的教育情感叙事，集中展现了他们追求教育理想的历程与韧性。他们几十年耕耘于乡村教育，既有坚守三尺讲台教书育人的喜悦与自豪，也有身处教育一线、面对困难挑战的困惑与艰难。他们的故事是中国广大教师专业行进与职业成长的缩影，也是中国教育变革与不断前行的写照。乡村教师作为中国教育独具特色的一部分，他们平凡的教育历程蕴含着深刻的教育家精神，是教育家精神在中华大地上的具体体现。“扎根沃土”是他们最具典型性的群像，是乡村教育得以生机盎然、生生不息的根基。他们质朴的文字、传神的故事带领我们触摸乡村教师内心深处的教育情怀，是我们践行教育家精神的可行之路。

教师们的教育情感叙事主要包括三个方面：一是教师自身的成长叙事，即教师对自身教育经历和经验的描写；二是有关学生的叙事,即教师与特定学生的课堂故事、生活故事、家庭故事的记录；三是课堂生活叙事,即教师对课堂教学片段的描绘。撰写这样的教育故事并非易事，教师成长历程不等于“流水账”，既要反映自身特点，又要体现教育内涵，还要令人产生共鸣。为此，我们项目团队以一对一的形式，先请老师们撰写初稿，再寻找每篇文稿的教育灵魂，并提出修改意见，再请老师们二次撰写。在此基础上，项目团队一对一地访谈，发掘文稿特色、突显教师形象、凝练教育精神。20篇故事是从近40篇文稿中精选的，由首都师范大学教师教育学院的老师带入课堂，讲给学生听，请学生发表读后感，撰写阅读反思，提取故事背后蕴含的教育价值。通过这样一个反复强化的过程，我们希望将乡村教师朴实而崇高的教育精神提炼升华，也希望他们的精神财富代代相传，更希望其中蕴含的教育价值发扬光大。

教师专业发展是一个动态、长期、复杂的过程，贯穿教师一生，融入教师生命。教师情感是贯穿始终的主线，是教师教育形象的灵魂所在。本书深入乡村教师的内心世界，打破理论与实践的鸿沟，架设学理与经验对话的桥梁。将一线乡村教师、大学教师、区县教研员、在校大学生几方力量对接，通过从“现场”到“现场文本”再到“研究文本”的多重对话,实现一种全新的专业学习共同体的合作。

本项研究的开展是首都师范大学教师情感研究中心研究团队集体智慧的结晶。序言由田国秀教授撰写，教育故事部分由来自北京市延庆区的一线乡村教师和教研员撰写。首都师范大学教师教育学院的理论导师们参与了对教育故事的提炼、修改、访谈、评论等工作，他们分别是（按姓氏拼音排序）：贺文洁博士、康晓伟教授、李明玉博士、刘忠晖博士、孟青泉博士、田国秀教授、汪明博士、汪甜甜博士、杨启华副教授、张晓龙博士、朱小爽博士以及华东师范大学教育学部的祝刚副教授。特别感谢北京市延庆区教育科学研究中心教研员辛计伏老师在项目推进过程中付出的努力。另外，在成书过程中，首都师范大学教师教育学院康晓伟教授承担了统稿、校对与完善的主要工作，研究生吕冰欣同学在项目协调和统稿方面付出了很多心血。本研究也是康晓伟教授主持的教育部人文社会科学重点研究基地北京师范大学教师教育研究中心2022年度重大项目“追踪数据驱动的教师专业发展质量研究”（项目编号：22JJD880009）的阶段性研究成果。

挖掘教师队伍的新质生产力，展现出蓬勃向上、锐意进取的精神风貌，呼唤引领时代先锋、锻造卓越人才的教育家精神，是我们所有教育者共同努力的方向。由于本书的撰写者与点评者的能力有限，本书还存在很多不足之处，希望业界同仁批评指正。

2024年5月26日

目录

上册

追梦为人师　回首路漫漫

北京市延庆区第八中学

马晓辉

梦想的种子一旦种下，就会生根发芽，儿时的教师梦促成了今日为人师的我。站在三尺讲台，我望着自己一路蹒跚走来，从懵懂无知到爱不忍释；手握三寸粉笔，我书写着自己的春华秋实，从播撒希望到收获成功；站在三尺讲台，我描绘着自己低调丰盈的人生，从诸多无奈到从容面对。19年，遇荆棘我未放弃；19年，有彷徨我仍坚持。风雨兼程中，我在教育教学这条路上“根植沃土深、冠华郁青青”。

一、一心追寻，圆我教师梦

“小白兔，白又白，两只耳朵竖起来……”一声声稚嫩的童谣从土门洞里传出，扎着两个羊角辫的清瘦女孩被小脚的奶奶牵出低矮的土门洞。一阵清脆的自行车铃声响起，4个衣着鲜亮的年轻人骑着自行车从小女孩的面前经过，不等小女孩开口，奶奶便说道：“你长大了要好好学习，也要像郑家的这几个孩子一样争气，你看看人家4个孩子全是老师，多好，人家爹妈脸上多有光彩。”小女孩一脸懵懂，但是记住了几个词：好好学习、老师、光彩。那个懵懂的小女孩就是我，那时候我的心里便种下了一颗梦想的种子——长大了我要当老师。

转眼间，我上了小学，每天背着书包高高兴兴地去上学，课上老师讲的知识在我的脑子里一点儿也没有留住。下了课我就和小伙伴们一起玩儿，好像和幼儿园的生活也没有什么区别。很快，我糊里糊涂地参加了期中考试，公布成绩的那一天，老师挨个儿念成绩，我竖起耳朵听，却总听不到念我的名字，我真的很好奇，我到底得了多少分呢？老师读完一部分同学的成绩之后说："以上这些同学的考试成绩还是非常不错的，下面再来看看这些同学，考试成绩非常不理想。"我想我应该是属于考试成绩不理想的，但是老师念了好几个名字之后还是没有我。就在我怀疑老师把我的试卷弄丢了的时候，突然听到："马晓辉，我真不知道你这张卷子是怎么答的，你考试的时候睡着了吗？"我无辜地说："没有呀！"老师更生气了："没有？没有你能把卷子答成这个样子，真不知道你长大了想干什么！"

下课铃声响起，我冲出了教室，我该怎么办？回到家，我跑到房里哭了起来。妈妈问："咋了，闺女，哭什么呢？"我哭着说："我考试没考好。"我妈问："考了多少分？""没及格。""也许是老师把题判错了，我闺女长大了要当老师，卷子还能答得不好？"妈妈安慰我。"我真的没考好。""没事儿，以后还考呢，下次好好答就行了，别哭了，快去街上找小燕玩儿去吧！"听到妈妈这样说，我好像也没那么伤心了，擦了擦眼泪准备去找小燕玩儿，忽然想到她这次考试得到了老师的表扬，我不好意思去找她，便去叔叔家找我二姐。看着我哭红的眼睛，二姐问我："怎么了，考试没考好吧？"我点点头。"你平时是怎么学习的？"二姐接着问。"啊？就是上学、放学呀！"我回答道。二姐恨铁不成钢地看了我一眼，说："来，我告诉你该怎样学习。"有了二姐的指导，我懂得了上课要认真听老师讲课，回家后要反复地读拼音，数学题也要多练。期中考试后，我不敢和老师对视，总是低着头走路。一天，老师把我叫进办公室，我以为她又要批评我，没想到老师温和地说："你最近是怎么回事儿，期中考试之后怎么总是低着头呢？是因为怕老师批评你吗？你考得不好老师是不是该批评你？"我点了点头没敢说话。老师接着说："可能老师有点儿严厉，让你害怕了，平时看你文文静静的，看着也挺聪明的，觉得你不该考那么点分，老师就着急了。你不是想当老师吗？这样吧，以后你有问题随时来找老师，老师会帮助你的，你好好学习，将来一定能当老师！”老师的话犹如一股暖流注入我的心田，我以为我考得不好，老师就不喜欢我了，没想到老师还这么关心我，我这才明白在老师的心里每个孩子都是一样的。从那以后，我不再自己闷头学习，而是观察成绩好的同学是怎样学习的，有问题及时问老师和同学。一年级的期末考试，我进步很大。我真的非常感谢老师找我谈话，让我知道老师没有放弃我，所以我自己也不能放弃自己，只要我好好努力，长大后一定能当老师。二年级刚开学，老师布置了一篇名为《秋天》的日记。放学后我和几个小伙伴到野外观察秋天的景象，认真地写了一篇关于秋天的日记。第二天下午老师进班后说：“同学们的日记我都看了，有一个同学写得特别好，下面请她给大家念一念。马晓辉，来，到讲台上来。”我的心怦怦地跳，老师是在叫我吗？我愣了一下，看到老师和同学们都看着我，我才知道真的是在叫我，我激动地走上讲台，念了日记，同学们还为我鼓掌，那一刻我觉得自己是“世界上最光荣”的人。然后，我听到老师说：“日记写得非常不错，但是你的声音太小了，估计后面的同学都没听到，你将来如果想当老师，声音这么小可不行呀！”这时我才明白，想当老师只有学习好还不行，于是我开始积极参加学校里的活动，锻炼自己在众人面前说话的胆量，逐渐地，我成了老师和同学们心中的好学生。到了初中，我还主动担任了班长的职务，锻炼自己的管理能力，向着成为一名教师的方向努力着。

初三填报志愿的时候，我兴奋地让二姐帮我填报名表。二姐很严肃地说：“现在都什么年代了，你还报师范学校？上高中吧，以你的成绩，考延庆一中应该没问题，将来考个好大学，毕业后找个理想的工作，比当老师好。”我倔强地说：“我不，我就想当老师。”二姐说：“你回去再想想，这个表明天再填，我真的是为你好。”回到家之后我觉得二姐说得也有道理，可我还是想当一名老师。我认认真真地在报名表的“第一专业”一栏填上了：延庆师范学校。第二天，二姐来找我商量填报名表的事，我告诉她我已经填完上交了。二姐说:“你看着吧，将来总有你后悔的一天!”会后悔吗?我不知道，但是我知道这是实现我儿时梦想最直接的机会，我不会放弃自己的梦想。

进入师范学校后，我对学习有些懈怠，当时两个班70名学生，我的成绩排在60多名，虽然心里有些不安，但是我安慰自己：没事儿，毕业后都能当老师。两年时光如白驹过隙，很快到了普师三年级，学校召开全体学生会，校领导在会上说，由于延庆县[1]教师资源饱和，我们这届学生将不能分配，必须考入首都师范大学，本科毕业后才能分配。这个消息犹如一道晴天霹雳，我感觉我的教师梦在此刻就要破碎了。从回到教室的那一刻开始，我便开始争分夺秒地学习，课下追着老师问问题，晚上蜷在被子里打着手电筒学习，就连大年三十晚上我都抱着数学总复习在做题。最后，我以611分的好成绩考入了首都师范大学。差点儿与教师这个职业失之交臂的我，再也不敢放松，一边学习文化知识，一边学习怎样当老师。临近毕业，我心中教师的形象也越来越清晰，我要用我的一生诠释“学高为师、身正为范”。

二、一路向前，筑我教师梦

2002年7月，我被分配到延庆县的一所乡村学校——大柏老中学，成为一名英语老师。

开学一个月左右，学区片进行了一次同课异构的活动，我和我校的另外一位英语老师同上一节课，另外两所学校的老师来听课。我利用周末整整两天的时间来准备这节课，信心满满地上完课后，只等评课环节时听课老师表扬我。评完同组老师的英语课后，一位老师转身面向我说:“晓辉，我希望你能明白什么是上课!”这句话犹如一盆冷水将我从头到

1 2015年之前称延庆县，2015年之后撤县设区，称延庆区。

脚泼了下来，当时我的表情僵住了，这位老师后面再说什么我都没有听到，其他老师再说什么我也没听到。直到把这些老师送走，我的大脑都是一片空白。同组老师看出了我的伤心和难过，安慰我说："你别伤心，新老师上课哪能一下上得那么好呢？慢慢来别着急啊！"我勉强微笑了一下，回到宿舍就哭了起来。我担心领导知道后不让我继续教英语；我担心学生以后不再喜欢上英语课；我担心了好多，但是哭着哭着我忽然意识到，哭没有用，要擦干眼泪想想接下来应该怎么做。我告诉自己，任何事只要学、只要拼，就没有干不好的，也没有干不成的！于是，我利用课余时间跟着磁带一遍又一遍地练习发音，一本又一本地研读专业书籍，一套又一套地练习模拟试卷。我报考了广播电视大学的英语本科，一边教学，一边提升自己，与我的第一届学生一起学习、一起成长。由于我学习认真，成绩优异，广播电视大学推荐我参评吴晗奖学金，这真的是给了我莫大的鼓励，更是让我以极大的热情投入到了英语教学工作中。

由于我校是一所乡村中学，当时的教学设备十分简陋，英语课上除了黑板、粉笔、教材，就只有一台录音机。为了帮助孩子们更好地学习英语，我自己买了各种材料，根据每课的需要制作了各种教具。哪怕是in、on、between这些介词，在我的教具里都能够灵活地呈现出来。当时，有一个孩子对我说："老师，您知道吗？我们班英语课上天天都使用教具，我们觉得英语课特别有意思。另外两个班的学生可羡慕我们了，因为这，我们都觉得高他们一等。"这个孩子的话把我逗得哈哈大笑。可能真的是"亲其师，信其道"吧，我说什么，学生就做什么。每天背单词、背课文这些自不必说，我自己还买了一些适合学生看的英语光盘，发给家里能播放光盘的学生，要求同村的学生每天晚上都要去同学家看20分钟。后来学生告诉我，他们每天晚上都要看一个小时。第二天他们还要到我面前显摆一下他们学到的英文句子。天气转暖，我利用放学后的时间，组织两个班的学生进行不同形式的朗读比赛，学生特别喜欢。有家长反映孩子每天早晨起床后都要跟着录音机读几遍课文才吃早饭。这种形式也从侧面督促了学生的学习。这两个班的学生英语考试及格率一直是100%，优秀率一直在85%以上。英语教研员曾说："这两个班的英语成绩，是我当教研员以来农村校学生考出的最好成绩。"我的付出孩子们看在眼里，他们因为喜欢我而努力学习，我也因为孩子们的出色表现愿意更多地付出，我认为我们会一直在这种良性的轨道上发展。

初三那年，为了提高英语成绩，我和孩子们努力向45分钟要成效，总觉得时间不够用。于是，在晨起的朝阳里、在落日的余晖下，总能够看到我和孩子们学习的身影。功夫不负有心人，这届学生的中考成绩平均分、及格率和优秀率在县里均名列前茅，这在当时的农村校是很少见的，我也因此受到了教委的表彰。随着教学的进一步改革，我在教学上更加下功夫，虚心向老教师学习，主动听课，精心设计每一节课。我每周都会花4个多小时往返当时的北京图书馆查阅资料、借阅图书，了解先进的英语教学理念和方法。我还央求我校的计算机老师，每天让我用一个小时电脑查阅英语教学资料。我逐渐意识到学生学习英语如果只会做题，根本没有任何用处，英语是一门语言，能够发挥它的语用功能才是学生真正的收获。在不断的学习、探索、实践中我慢慢地形成了自己独特的教学风格——"做中学"体验式教学法。在教学过程中，我围绕特定的交际和语言项目，设计出具体的、可操作的任务。学生通过表达、沟通、交涉、解释、询问等各种语言活动形式来完成任务，以达到学习和掌握语言的目的。让学生在动手的过程中习得知识，增长能力。初三开学伊始，学生的任务是做个性名片介绍自己；学习北京的天气后，学生以小组为单位做北京气候的宣传页。学生对这些任务活动极为感兴趣，小组合作、主动探究、乐于学习，不仅掌握了知识，各方面的能力也得到了提高。学生对于英语学习的兴趣有增无减，他们总是猜测今天英语课上会干什么。有两个在小学随班就读的学生，竟在英语课上完成了当堂作文，令其他教师惊讶，我想这也是教学上的一种巨大成功吧！这一教学模式受到学生、家长和教师同行的高度评价，我也因此多次承担了研究课及示范课。2009年的时候，北京市基础教育研究中心的曹瑞珍老师曾以“完美”二字评价我的一节市级研究课，这节课被其他区县的多位教研员作为示范课进行播放、研究。在不断的研究、实践和创新中，我从一名忐忑度日的英语教师，成长为能够独当一面的学科骨干。在工作的第五年我被评为区级英语学科骨干教师，至今已蝉联四届。在我16年英语教学工作中，有三届都是中途接班，刚接手时班级整体英语成绩都在同年级最后，甚至在全区都是倒数，但一两年后，我带的所有毕业班英语成绩都取得了十分大的进步，尤其是2015届，我是在初三接的班，只带了一年，他们的中考英语平均分就超过了市平均分。短短的时间里获得了这样好的成绩，这其中的艰辛与努力只有我自己最清楚！

在担任英语教学工作的同时我也一直担任着班主任工作。带第一届学生的时候，我还不清楚班主任应该干什么，可能当时自己很年轻，做什么事情都能和学生打成一片，感觉那一届学生特别好带，我说什么，学生都会按照我的要求去做。自习课、集会时，我从来没有像其他班主任那样维持过秩序，学生们的表现也是最出色的；运动会、课间操比赛，学生们会自发地练习，连续三年我们班各项比赛都是第一名。只当了短短三年的班主任，我便被评为八达岭长城杯优秀班主任。当时我感觉自己在当班主任方面已经很有经验了，但是我没有意识到每个学生都是一个不同的个体，每届学生之间都存在着差异。

在大柏老中学工作了4年，由于学校撤并，我调到延庆八中工作，这是一所全寄宿制学校，学生们大部分来自边远山区，他们每周有5天的时间生活在学校里。对于寄宿生的管理和其他学生是不一样的，由于没有任何的前期经验，我还是按照以前的方法去管理学生，总觉得我说了学生们就会做。开学初，学校举行了一次会操比赛，我告诉学生们要好好练习、动作要整齐划一。然而，在会操比赛那天，我们班在全校师生面前出了丑——学生们站队杂乱无章、动作先后不一。我当时真恨不得找个地缝钻进去。回到班里我大发雷霆，狠狠地批评了学生们一顿，还要求他们每个人写了800字的说明文，让学生们见识到了我的厉害。后来，看到学生们行为不当，我就会狠狠地批评他们，并经常让他们写说明文。经过一段时间后，我觉得无论上英语课还是参加其他的活动，学生们表现都很乖，我觉得学生们懂事了。直到有一天，地理老师在上课的时候被学生们气回了办公室，我才意识到学生们在我面前和在别的老师面前的表现是不一样的。深入调查后我才了解到，他们只是在我的视线范围内约束自己，一旦离开了我的视线范围，他们就会疯狂地发泄，还有的孩子经常给父母打电话说想回家，不想在这里上学，我才明白这样一味地管是不行的。我向其他有经验的班主任请教后了解到，只有激发孩子的内驱力，唤醒孩子的主人翁意识，营造温暖和谐的班级氛围，一个班级才能成为一个班集体，才能进行班集体建设。于是，我尝试着在班会课上和学生们开诚布公地交流，但是我发现孩子们都紧闭着嘴不愿说话。尝试几次之后我意识到这种方式不可行，于是我改变了方式，用彩纸在每个孩子的英语本上粘了一个“小信箱”，把我想对孩子们说的话写在纸上，放在“小信箱”里，他们拿到作业本的时候，就能看到我给他们写的信。开始的两个星期，只有我单方面地每天给孩子们写信，表扬他们的进步、询问他们的身体状况、关心他们的吃饭和住宿情况，但一封回信都没有，伤心、难过在所难免，但我依然坚持每天写。“最是微处见人心”，我相信孩子们一定能理解我的良苦用心。大概到第三周，我收到了个别孩子的回信，逐渐地，回信越来越多，我和孩子们用写信的方式热烈交流。我了解到，这些常年住校的孩子缺少家庭温暖，他们远离父母，他们渴望亲情。而我这个班主任只注意到了班级卫生、纪律等方面的管理，却忽略了孩子们在情感上的需求。我马上改变了自己的工作方式，开始更多地关心孩子们生活上、情感上的需求，他们也越来越接纳我、信任我，整个班集体才有了家的温度。接着，我在班级中开展了“尽言堂”活动，全班围坐在一起，每个人都能看到其他人的脸，我们一起讨论“读书的意义”、探讨“成长的烦恼”、分享“生活的幸福”，一段时间下来，大家都能放下戒心、尽情倾诉。孩子们学会了相互倾听、相互倾诉、相互理解和相互尊重。我和孩子们在这个过程中一起成长，初三时这个班级被评为市级先进班集体。

新学期，北京市教委开展了市级优秀教师“师带徒”的活动，选拔了一批优秀农村教师到市里的名校脱产学习，我有幸被选派到中国人民大学附属中学进行学习。我很珍惜这次机会，不仅认真听课，勤向老师请教，主动承担研究课，还经常和学生进行交流。同时，我更加认识到城乡教育的差距，认识到同龄孩子间的思想意识、价值观的差距。由于我在人大附中的工作比较出色，学期末不仅被评为优秀学员，教导主任还有意让我留在人大附中教书。这太让我动心了，因为我爱人就在城区上班，如果我留在城区，他就不用每天花6个小时通勤了。特别是留在这里对我儿子的成长太有益了，人大附中的教育教学水平在北京市都是首屈一指的。但是一想到我的学生们，我还是决定回到八中去教育我那群大山里的孩子。我要为他们架梯子，让他们看得更远，哪怕将来他们还是要回到大山里，但我相信他们也是为了让山村变得更美好。

现实总是那么骨感，回到八中后我接了初二的一个班。这个班里有几名男生经常会聚在一起，他们扰乱课堂、打架骂人，他们的家长都明确向我表示，不用再费心教育他们了，有时间多教育那些听话的孩子吧！真的要听从家长的建议吗？如果那样的话，这些孩子的明天会是什么样的？我不敢想，也不甘心就这样放弃他们。为了更好地引导他们，我抓住他们身上微小的闪光点在班里进行表扬，帮助他们重新认识自己；布置给他们最简单的任务，帮助他们重新树立信心。虽收效甚微，但我仍然坚持。每天放学之后我都在车里循环播放豆豆的那首《努力》，“不放弃不抛弃，笑到最后才美丽……明天一起继续努力”。有时候，我自己唱着唱着就哭了。想想自己一年级的时候，考试考得一塌糊涂，老师对我仍一视同仁。我告诉自己一定不能放弃，不敢说他们是祖国未来的希望，至少他们是一个家庭未来的希望，况且一个孩子本身就是一个希望！比如张同学，他是单亲家庭的孩子，他这样的一个初二的大男生，只要爸爸一回家他就会整晚搂着爸爸不松开，他是一个多么渴望亲情的孩子啊。于是，我会经常和他聊天、开玩笑、摸摸他的头，这个一米七五的大男孩竟然特别喜欢我摸他的头。我会分别邀请他的父母到校给他过生日，我会在他生病的时候悉心地照顾他，我会在他伤心的时候默默地陪他坐着。慢慢地，他能和我正常交流了，我也更能了解他的内心了。十几个孩子，每个孩子的性格特点和需求都不同，我采用不同的方式与他们沟通，尽全力满足他们的要求。我的付出终于有了回报，升入初三之后，其他任课教师对我说："你们班学生好像不是以前那些学生了，上课纪律可好了，你是怎么教育的?"那几名调皮捣蛋的学生不但能遵守纪律了，还主动承担起班级值日的任务，他们向我保证流动红旗会常驻我们班。由于女生身体素质差，跑步的时候他们每人推着一名女生跑。中考的时候，27名学生中有25名体育考了满分，其中有两名同学因为腿受伤考了25分。临近中考的时候他们为我唱了一首歌："明天你是否会想起，曾经在八班的你；明天你是否还惦记，曾经谁最关心你；也许我们都已记不起，班主任关心的话语……"我哽咽着不敢面对孩子们，孩子们也边唱边呜呜地哭泣。我知道我也许不是他们生命中最亲的人，但我一定是他们生命中的那个重要他人。张同学后来成为了一名护士，疫情期间去支援丰台区抗疫工作，他冲在了第一线。由于长时间的高强度工作，他晕倒在工作岗位上。大家把他抬下去休息，他醒后的第一件事，就是穿起防护服继续工作，这与几年前的他相比真的是判若两人。我还了解到他的爸爸由于长期酗酒，现在已经半身瘫痪，生活不能自理。他把爸爸安顿在一家养老院，定期去看望他。我不敢想象，如果我按照当时一些家长的想法，放弃他们，他们现在会是什么样子，但现在他们已成为我想要的样子、家庭需要的样子、社会需要的样子、他们该有的样子！

做了十几年的班主任工作，我先后获得八达岭长城杯优秀班主任一等奖、北京市紫禁杯优秀班主任特等奖、北京市学生最喜爱的班主任、全国班集体建设最有成效的班主任等奖项和殊荣，我区为我召开了班主任工作个人思想研讨会;《现代教育报》用整幅版面介绍了我的班主任工作事迹。每当夜幕降临，抬头仰望满天的星辰，我都会扪心自问:“如果我把自己的孩子交给像我这样的老师，放心吗?”当我得到肯定答案的时候，我才能面带微笑安然入睡。

三、一往情深，续我教师梦

遗憾的是，由于身体原因，三年前我离开了我深深热爱的英语教师岗位和班主任工作岗位。我问自己：教师的身份还在，却失去了助力学生成长的机会，你不遗憾吗？我的答案是肯定的。也许上天也了解我的心愿，又给了我一次机会。我校原来的心理老师，由于工作原因调到了其他单位，于是我找到校长申请担任心理教师，这样依然可以为学生成长助力。校长说:“鉴于你的工作能力和身体情况，学校就不考虑让你教课了，准备让你担任教导处副主任，你好好考虑一下，学校这样安排既照顾了你的身体情况，又考虑到将来你自身的发展，同时，这对于学校的发展也是非常有益的，是个一举多得的安排。”我理解领导做出这样的安排真的是在为我着想，让我有更多时间调整自己的身体，同时对我今后的发展也有帮助。如果做一名心理老师，只是职员身份，待遇也会比较低。我的内心是非常挣扎的，但是考虑到在心理教师这个岗位上我还能直接面对面地帮助孩子、助力孩子积极健康地成长，这是我做教师的初心，也是我一直以来努力的方向，我婉言谢绝了领导的好意。后来，领导又几次找我谈话，我均表达了自己想要做一名心理教师的决心。看到我这么坚决地想要做心理教师，校长最终妥协了，我终于成为一名心理教师。由于各方面压力的增大，学生心理问题随之增多，面对困难我没有退缩，我一方面利用以前学习的心理学知识教育、引导学生；另一方面，再一次投入紧张的学习中，我不仅报考了广播电视大学的心理学本科，还通过面试成为清华大学社会科学学院积极心理学指导师培训班的一名学员。

正所谓，四十载岁月漫漫，心有所梦，不惑之年再起航；执此一生为桃李，无欲芬芳，净水浇注绿青常！

理论点评

点评人：汪甜甜博士

读罢马晓辉老师的《追梦为人师　回首路漫漫》一文，我为马老师的教育求索之路而感动，为马老师荣誉鲜花背后的不寻常付出而感慨。她通过从业近20年的成长叙事，展现出对教育事业的热爱与坚守，内敛中透露出沉稳，低调中蕴藏着坚毅，质朴的叙述中饱含对教育的浓厚深情，让我们看到优秀教师专业成长之根本。

优秀教师的成长源于梦想与信仰。马老师怀揣着对教育事业的期盼与敬畏，走上教书育人的三尺讲台。梦想和信仰唤醒了她的内驱力，积蓄了她矢志育人的正能量。对信仰和理想的追求，就是向上、向善、坚韧前行的不竭动力。在这近20年的教师生涯中，面对功利浮躁的社会现实，她对教师身份葆有深刻认同，内心产生了无穷的内驱力，克服追名逐利的私念，坚持留在乡村中学教书，保留着一份“宠辱不惊，闲看庭前花开花落；去留无意，漫随天外云卷云舒”的心境。这种坚定的教师身份认同，蕴含着教师行为背后的教育信念，意味着教师在为自己的工作赋予不同的价值意义，也被认为是新时代教师专业性的核心[1]。

优秀教师的成长源于在困境中的不断求索，在坚守中的勇于创新。人民教育家于漪先生曾言：“一辈子做老师，一辈子学做老师。”这种虚心求上进、持续善钻研的学习精神在这篇成长叙事中体现得淋漓尽致，马老师正是这样一直努力向着“做最好的自己”的人生目标前进，从学做英语老师到能够“完美”呈现市级研究示范课，再到形成自己独特的

1　叶菊艳：《专业身份认同：教师队伍质量的核心》，《人民教育》2018年第8期，17—21。

"做中学"体验式教学风格。让我们看到教师能动性在教师专业发展中产生的巨大能量，这种教师专业发展的能动性，让教师个体积极主动地为改变自身的专业发展境遇做出行动选择，更让教师行进在一条以自我为导向的成长道路上，并主动赋予成长道路上的行为以意义[1]。这种在困境中不断求索，在坚守中勇于创新，一辈子充电、一辈子放电的精神让人动容，也让马老师的专业成长之路绽放着璀璨光芒。

优秀教师的成长源于对学生个体的呵护与尊重，对学生生命的善待与关怀。尊重学生，爱护学生，成全学生，对每个学生"不抛弃不放弃"，是贯穿马老师教育理念的核心。在教学过程中，她总是站在学生的立场上，悉心思考教学目标内容，用心设计教学情境和策略，以精益求精的工匠精神，激发学生的学习兴趣。在班级管理中，她不断尝试激发学生的内驱力，唤醒学生的主人翁意识，坚持与学生写信交流，细心观察、发现每个学生身上的细微闪光点，帮助学生树立成长信心。"最是微处见人心"，教育的价值关怀落实在了每一个教学的细节上。

"遥知不是雪，为有暗香来。"马晓辉老师是普通的、谦和的，却也是卓越的、智慧的。她的成长叙事蕴含着丰富的教育力量，相信能够给予各位教育同行更多感动与激励。

学生点评

点评人：徐朝一

通过阅读马老师的《追梦为人师 回首路漫漫》，我看到了一个女教师坚韧不拔、敢于担当、坚持不懈、迎难而上的美好品质。尽管对于

1 张娜，申继亮：《教师专业发展：能动性的视角》，《教育理论与实践》2012年第7期，35—38。

她来说，成为一名真正的老师的路途十分艰难又漫长，但是她从未想过放弃，她始终保持着遇到困难解决困难的态度，最终真的成了一名被所有人认可的好老师。

终为人师，却未达所愿。大学毕业后，马老师终于如愿以偿地成为延庆县大柏老中学的一名英语教师。她心中一直怀有要让农村孩子受到教育的美好愿望，一直怀有当老师的理想，但是，她的理想与现实是存在差距的，在一次公开课后，她被泼了一盆冷水，评课老师对她说："晓辉，我希望你能明白什么是上课！"这无疑是对马老师的批评，她非常伤心。但她很快反省自己，调整自己。她利用课余时间跟读磁带练习发音，研读专业材料，练习模拟试卷，不仅如此，还被广播电视大学推荐参评了吴晗奖学金，如此种种都证实了马老师是个非常优秀的人。当她再次重回学校上课时，终于得到了学校、老师和学生的肯定。

阅读马老师的成长历程，让我深刻明白一个道理，人生不会是一帆风顺的，追梦的过程总是充满艰难，但是只要我们下定决心去做一件事，不管路途有多么艰难，我们都要永葆初心，勇往直前。

爱在路上

北京市延庆区第五中学
岳永梅

我毕业于河北师范大学政教系，并获法学学士学位，现任延庆五中政治教师。1995年7月大学毕业后，我被分配到乡镇中学——赤城一中。2002年，我驾着人才交流的小舟来到延庆五中这个位于农村的普通高中工作至今。

寒来暑往，春去秋来，27年来我一直战斗在乡村教育教学第一线，始终坚守在班主任岗位，我在教书育人的生命历程中不断行走，不断追寻，努力做“四有”好教师，做好学生的“四个引路人”，做一个有教育情怀的新时代教师，享受着点亮学生幸福人生的工作乐趣。

一、家庭：村里有个姑娘叫小梅

1969年4月26日，我出生在河北赤城县样田镇样田村这个人杰地灵、山水环绕的美丽小山村，这里有辛勤的农民；这里有养育我长大成人的纯朴、善良的父母和真诚、爽朗的姐妹；这里有一座不知名的山，我将它命名为“望夫山”，蜿蜒曲折的白河水绕山涓涓流过；这里有“样”字一样的梯田，有网格化的林带；这里有一种植物叫芦苇，它的根茎叶都是宝贝，这片芦苇地养育了一代又一代的农民，被农民称作“铁杆庄稼”。伴着“铁杆庄稼”长大的我，骨子里自然生长着坚忍顽强、任何压力都打不倒压不垮的不屈不挠的精神。

我家有爸爸、妈妈和姐姐、妹妹、我5个人，我们是相亲相爱的一家人。小时候，每天凌晨4点，我爸爸就开始拿着那些芦苇打席子、编席子，白天他还要下地去干农活儿，特别辛苦。后来，我跟着爸爸凌晨4点起来学习。冬天的清晨黑咕隆咚，寒风刺骨，不等天亮，我就跑出家门，顶着凛冽的寒风锻炼身体。从此，我就养成了跑步锻炼的习惯，并一直坚持到现在，不仅锻炼了身体，更慢慢形成了顽强的品格。大片芦苇荡摇曳着妩媚的身姿，顽强挺拔地生长，对我的激励更是深入骨髓。因为我们家离样田中学有2里地，我得骑着自行车去上学，为此爸爸给我买了一辆红旗牌自行车。村里人都特别羡慕我，也都夸奖爸爸培养了一个好闺女，书念得好，有出息。初中毕业那年，我们全样田镇有72个孩子考上高中，但就我一个人考上了赤城县一中，那是我们县最好的高中，我父母特别骄傲。我从小就是在全村人的手掌心里捧着一路走过来的，享受着爱和温暖。我是在爱的滋润中长大的孩子，心中充满了无限的爱，这为我当教师，做爱的教育奠定了很好的感情基础。我的理想就是要当一名教师，于是我选择了教师这份工作，我真的很爱它。

二、求学：长大后，我就成了你

"小时候，我以为你很神气，说上一句话也惊天动地；长大后，我就成了你，才知道那间教室，放飞的是希望，守巢的总是你。"伴着这首悠扬的歌曲，愉快的小学生活很快结束了。到了初中，我遇到了令我一生知心的语文老师，她备课的耐心，上课的严谨，她的一言一行都对我有着深远的影响。她美丽大方，优雅知性，她让我当班长，让我收发作业，让我判卷子，让我给同学讲题，我慢慢喜欢上了这位充满了智慧和魅力的优秀教师，也因为她而更加喜欢教师这个职业，喜欢班主任这个岗位。初中毕业那年，学校缺一个语文老师，校长找到我，问我可不可以利用假期时间代课，教学弟、学妹一个月语文课。当时我是怀疑自己的，不过，我还是怀着忐忑的心情走进了我刚刚毕业的母校，走进了自己熟悉的教室，看着小弟弟、小妹妹渴望知识的眼神，听着他们稚嫩地喊着“岳老师好”，在我一个十几岁的小女孩听来，那就是天籁之音。在一声声爱的呼唤下，有一种意念悄然萌生，我在自己心中种下一颗爱的种子。我觉得没有爱就没有教育，我始终认为贯穿乡村教育的核心就是爱。

我在赤城一中念高中，很巧的是我初中班主任也在同一时间调入了赤城一中工作，又是三年陪伴。在她的关心和爱护下，在她的引导与影响下，我一直刻苦学习。晚上熄灯后，为了不影响其他人休息，我就打着小手电筒在被窝里学习。我始终觉得有付出不一定有回报，但是要想有一点回报，都需要我千百倍的努力和付出。我每天起得比别人早，睡得比别人晚，同时很注重锻炼身体，每天下午的第八节课后，我都要跑8公里。基于所有老师对我的爱和我对乡村教育的爱，高中毕业后，我毅然决然选择当教师，报志愿的时候毫不犹豫地选择了张家口师范专科学校政史系，终于实现了我的教师梦。在这之后的几十年中，我怀着乡村教师的深厚教育情怀，将铸魂育人的教育信念根植在心中，一直坚守着教育初心和使命，为党育人，为国育才，培养担当民族复兴大任的时代新人。

三、工作：怒放的生命

“曾经多少次失去了方向，曾经多少次破灭了梦想，如今我已不再感到迷茫，我要我的生命得到解放，我想要怒放的生命，就像飞翔在辽阔天空，就像穿行在无边的旷野，拥有挣脱一切的力量。”听着雄壮有力的《怒放的生命》，2002年，我来到延庆五中这个温暖的港湾。乡村孩子在学习基础、学习习惯等方面与城市的孩子有一些差距，这让我对教师工作多少次失去信心，多少次绝望，而强烈的责任心和使命感，让我带领学生怒放生命，重新激发对学习的兴趣，培养学习习惯，激发学习的内驱力。我要对学生负责，改变学生命运，凭着对乡村教育这份真挚的感情，带领学生超越自己。

新时代，教育改革不断深入，要想培养出创新型人才，培养学生的核心素养，就要改变灌输式的讲授方式，要激发学生的内驱力去自觉地进步，自觉地思考，自主探索，自主成长。在教育教学的长途征程中，我要不断摸索，实践，让自己独特的带有浓郁乡土气息的教学风格和教育理念逐渐走向成熟。

教学上，适应新课改要求，摸着石头过河，针对乡情学情探索“小先生制”，就是每堂课都让学生去说新闻，新闻评述提高了学生的政治认同感，提升了公共参与的政治学科核心素养；学生相互合作探究，自己画思维导图，自己出卷子，自己判卷子，小组合作学习，自主学习，追求自主发展的智慧型课堂。在学习中成长，在学习中学会做人，将立德树人落到实处。

我始终认为只有优秀的团队，没有优秀的个人，必须注重教学团队合作共进。我总是会备好课、上好课，紧紧抓住学生的课堂注意力，提高课堂效率，这样就可以为其他科目留出时间。

想要追求高效率的智慧课堂，不断学习是十分必要的，让读书成为习惯，在学习中提高自己的教育教学艺术。比如《意义学习新论》，书中有好多的教育理论很实用。美国心理学家奥苏伯尔提出成就动机有三个：第一，认知内驱力，也就是说课堂本身非常有吸引力，先要设置情境，编一些小故事，学生排练出情景剧，引人入胜，兴趣是最好的老师，这样的课堂有利于激发学生自主发展的内驱力。第二，自我增强的内驱力，是指引导学生去思考将来要干什么工作、选择什么职业，激励学生向着目标努力。我设计系列主题德育活动课，设计系列职业生涯活动课，针对职业选择，让学生知道哪些职业可以去选择，要往哪个方向去奋斗。塔儿同学喜欢踢足球，但他父母不愿意让他学，我通过家访，面对面地跟他父母沟通，让他们支持孩子学足球，这样孩子有了自己的职业理想，学习就有了动力，努力就有了方向。第三，附属内驱力，就是利用老师的鼓励、家长的奖励及同伴的激励，促进学生成长进步。人都是喜欢得到奖励的，奖励学生的方式多种多样，于是便形成了班级奖励长效机制。请孩子们吃饭，买各种奖品，如书籍、笔记本、书签、小红花等。奖励也可以是家访，每一届每一个孩子我都会家访，我累计走访了500多个学生的家，助力学生健康快乐成长。奖励也可以是同伴的认可，小组合作特别重要，小组同伴相互鼓励，优势互补，取长补短，共同进步。我用各种方式调动学生的内驱力，真正实践奥苏伯尔所说的生命成长的内驱力。我的学生是幸福的，因为，我用爱的教育与执着让学生的生命怒放。

四、班主任工作：相信我们会创造奇迹

“我们一起努力，我们永远珍惜，成长岁月里，我们是团结的集体，相信我们会创造奇迹。”一曲班歌伴着学生的成长，学生成长的岁月里，班主任是学生的引路人，是学生的人生导师。1995年7月1日，我成了一名班主任，从此与班主任这个岗位结下了割舍不掉的情结，承担了一辈子的责任，一辈子投身教育，唤醒学生自我自主成长的强烈意识，带着一届又一届的学生在幸福人生道路上披荆斩棘，风雨兼程，创造奇迹。

新时代对乡村中学班主任的挑战真的很大。我刚工作时，赤城一中有一位老师去培训了，当时学校就找到我，问我能不能代一阵班主任。当时正好赶上学生分班，不同班级的孩子被分在一起，大家几乎全都哭成了泪人。看到孩子们哭哭啼啼的，我对自己也没了多少信心，只好忐忑地抱着试试的态度站在讲台上说，大家都很留恋原来的班级，有情谊这很好，但分别是为了更好地相聚，在新的班级好好学习，高中我们再考到一中再分到一个班级才是更好地相聚。我几句话说完，学生们立刻

不哭了。这个班级在我的带领下非常有凝聚力，学习特别优秀，最后全班同学全部考到我们县最好的高中，我又跟着他们，成为他们的高中班主任。当时，跟我教同一个班级的老教师说，岳永梅是天生教书的料，为教育而生，我认为这是对我最高的评价。

在成长的日子里，乡村中学班主任需要培养学生的习惯，好的习惯成就未来。乡村中学的班主任工作难度大，难点在于调动学生自主成长的内驱力，激发学生自主学习，让学生全面自主地发展。城市与乡村中学的班主任面对的学生有很大差异，城市中学的学生基础知识扎实，阅历比较丰富，学习习惯和学习成绩比较好，他们有强烈的集体观念，而乡村中学的学生基础知识差，学不懂，学不会，有些学生会有不良习惯。根据学生具体情况，每带一个班我都重视培养他们的习惯。

我在2004年接的一个班，全班43人都学文科，因此，我们师生幸运地一起走过了高中三年美好的时光。冬日凌晨，要不是闹钟在5点准时响起，我还依然沉睡在梦乡。我艰难地爬起，躺下，再次爬起，心里不停地告诉自己，再坚持一天，再坚持一个月，再坚持一年，艰难的心理斗争是我当2007届学生班主任的那三年真实的心路历程。每天6点我会准时到学校，陪伴学生们跑操。坚持三年如一日的晨练，那是对师生意志力的考验和磨炼。一次次克服重重困难，一次次感动流淌心间，一次次豪情满怀迎接希望曙光，我和我的学生们坚持了下来。

三年如一日的晨练，说起来容易，做起来难，我们师生凭着一份对生命的执着和热爱，在晨练中，感悟坚守的幸福。我始终相信，有呕心沥血就有姹紫嫣红，最终，我们班本科上线率达到80%，专科上线率100%，创造了县普通高中本、专上线率新高。每一个学生的成功，改变的是一个学生和一个家庭的命运。县三好学生琼儿高考考上了第二外国语学校；市三好学生刚儿考上了北京师范大学；市优秀班干部杰儿考上了公安大学，家长给学校送来写着“育人的摇篮，成才的园地”的锦旗。三年坚守一个班级培养了一批“钢铁”般的“战士”，三年的时间也许不能改变学生什么，但我希望教给学生终身受用的东西，而不仅仅是高考考试的成绩。农村孩子考上自己理想的学校，实现自己的理想，改变的不仅仅是自己的命运，更是一个家庭、一个家族的命运，同时也为国家全面脱贫做出了个人的努力和贡献。刚儿从北京师范大学毕业后入伍，后来在某军区当营长，为祖国的国防事业做出了自己的贡献，我特别骄傲。所有你蓄过的力，都会变成此刻的光。多年的积累使我所蓄的力都变成了成就学生的光，让学生活成一道光，不仅仅照亮自己，也照亮别人。

“我们一起努力，我们永远珍惜，成长岁月里，我们是团结的集体，相信我们会创造奇迹。”这是温亮亮的歌曲《相信我们会创造奇迹》中铿锵有力的歌词，在这首歌的激励下，营造积极向上的班级文化，目标引领，文化育人，我们不断创造着意想不到的奇迹。

高中阶段是学生成长的关键时期，班集体就像个大熔炉，通过集体的意志、集体的品质滋养学生心灵，完善学生人格。2009届高三（18）班和2020届高三（10）班获得了北京市优秀班集体的光荣称号，我获得了北京市紫禁杯优秀班主任特等奖和北京市骨干班主任荣誉称号。

“给猴子一棵树，给老虎一座山，给巨龙一条江。”我们班主任给学生发挥特长的机会，学生很可能还给班主任一个奇迹，而这一切需要我们班主任发挥自己小小的智慧，并用自己的真心来陪伴与呵护。

五、教学教育反思：感恩的心

“感恩的心感谢有你，伴我一生，让我有勇气做我自己。感恩的心感谢命运，花开花落，我一样会珍惜。”用心做一个有感恩心、责任心与爱心的，充满教育情怀的新时代教师，努力践行自己的师德观：初心不改，积淀专业情怀；爱心守护，彰显教育智慧；用心陪伴，增进民族情感。

初心不改，积淀专业情怀

思政课是立德树人的关键课程，我作为高中思政课教师，要守住教育初心和使命，为党育人，为国育才，培养担当民族复兴大任的时代新人；要给学生心灵埋下真善美的种子，帮助学生扣好人生第一粒扣子，把德智一体化课堂建设作为自己的追求，与学生共同成长。

不忘初心，积淀教育智慧，教育的智慧来自学习和研究，我们老师要做好“微”研究，成为一个幸福的研究型教师，从担任北京市规划办“十一五”“十二五”科研课题主笔，到负责“十三五”科研课题圆满结题，我负责并且主笔的市规划办“十四五”科研课题《互联网+环境下农村普通高中学生价值观的教育研究》于2020年9月获得批准立项。带着科研课题上路，注入教育智慧含量，提升教育教学专业素养。我用自己的教育智慧引领学生在人生航程中走得坚实而有力。

教师是一门专业化的职业，用自己的专业和教育情怀做学生奉献祖国的引路人，立德树人。我用教育情怀成就了学生的精彩人生，我始终认为一个优秀的学科教师不一定是师德榜样，而一个师德榜样一定是一个优秀的专业型学科教师。

爱心守护，彰显教育智慧

寒来暑往27年教师生涯，我始终坚守在班主任岗位上，1万多个日日夜夜，感谢生活让我和我的学生一起走过了一段段激情燃烧的岁月！联合国教科文组织编写的《学会生存——教育世界的今天和明天》对未来教师的角色作了这样的论述：“教师的职责现在已经越来越少地传授知识，而是越来越多地激励思考；教师必须集中更多的时间和精力去从事那些有效果的和有创造性的活动：互相了解、影响、激励、鼓舞！”所以，我做班主任就是帮助学生树立正确的世界观、人生观和价值观，提高学生心理素质，提升学生道德品质，帮助学生健康茁壮地成长，带领学生感受幸福、体验幸福和创造幸福。我的班主任教育情怀就是用激情和智慧点亮学生幸福人生。

亚里士多德说："幸福是人生的目的和意义，是人类存在的最终目标和终点。"教育是教人幸福的事业，做幸福的教师，做有魅力的班主任，遵循教育规律，科学管理，以心育心，成就学生幸福人生是我的从教信条。

首先，利用"首因效应"，重视与学生接触的第一印象。军训陪伴无微不至，给每个学生一个拥抱，给每个学生写一封欢迎信，从此，信便成为我和学生心灵沟通的最好方式，也成为学生最喜欢的交心方式。学期伊始，每个学生都会收到一封饱含着我对其赞美的"优点大轰炸"，至今已累计1000多封。

其次，利用"放大自我"满足学生爱与归属的需要。每个学生过生日时，我给他们买蛋糕，做手擀面。仪式感是培养学生归属感的重要途径，通过集体过生日、共度中秋、喜迎国庆、欢度元旦等活动，形成教师与学生、学生与学生之间的情感共振，增强学生们的团结意识。

最后，通过"自我教育、自我管理"帮助学生体验"自我实现"的需要。这是成长性需求中的最高层次，班干部自己组织形式多样的晨会、系列德育主题班会，组织各种活动，成为"第一专户"，让优秀成为习惯。体育运动会时我临时调去航空班上课，我班学生总分全校第一；我外出去判高考试卷，学生奋力拼搏，男女生足球比赛中获得校园足球"双冠王"。

2011—2012年我在全区召开了"岳永梅班主任个人思想研讨会"，学生给我送来了"厚德载物，自强不息"的十字绣。金杯银杯不如学生的口碑，千好万好不如学生一声岳妈妈好。一花独放不是春，百花齐放春满园。我充分发挥了优秀班主任先锋模范作用，从2005年至今，参加区班主任工作室16年，走进延庆七中、靳家堡中学、旧县中学等十余所学校做讲座，在全区做过20多次讲座，光荣地被延庆县一中和永宁中学聘为名誉班主任，与年轻的班主任一起成长，成就学生。

用心陪伴，增进民族情感

一个金色九月，我又接手了40名来自青海省玉树藏族自治州的高一新生，面对这些善良、朝气、欢欣、青涩、冲动、狂傲的藏族少年，我想起台湾作家张晓风的一篇文章《我交给你们一个孩子》，40名新生在我的手中，三年后，我将还他们怎样的青年？在每一个共同相处的日子里，我和孩子们之间会有多少故事发生啊！一个优秀的班主任，就是善于和孩子一起编织童话故事，用世界上最伟大的母亲之美、柔性之道把纯洁、理想、善良、仁爱、美好一点一滴地编织进去，因为，我的眼里有学生，学生的心里就有我，因为，我真的喜欢你们喜欢我的感觉！这些藏族孩子的学习也从第一次考试的科科倒数第一，进步到了年级总分第二的好成绩，流动红旗停在高一（12）班不再流动，好的学习习惯、好的卫生习惯和好的行为习惯逐渐养成，好习惯的养成在于每一天每一次的恒久坚持。我培养玉树藏族孩子成人成才，为五十六个民族一家亲做出了自己的贡献。

2021年7月27日，我在延庆区教委张平主任和我们孟校长的带领下，不远千里，前往青海玉树，走进36位学生的家，慰问家长并了解学生情况，藏族家长非常感动，送给我们写着“真心体恤家长，真爱关怀学生”的锦旗。工作以来，家访一直是我与家长沟通的有效方式。我走进了500多名学生的家，拜访了1000多位学生家长，累计几百次的风尘仆仆，上万里的家访行程，坚守着一份对教育事业的执着和热爱。

我们老师每天从事的是重复的、琐碎的、平凡的工作，所以我们的生活也是平静的、平淡的，但是，在平凡的工作中我们不能让自己平庸，应该在平凡的生活中学会感动，学会感激。今天，静下心来，回顾自己的成长史，我感到很荣幸，感谢康晓伟老师带领首都师范大学的专家团队为我提供了专业的指导，让我有机会总结、回顾自己27年教师工作所走过的一段历程，也感受自己成长的过程。同时，感谢我的学校同仁、家长和我的学生，是你们让我享受生命，感受幸福，请允许我真诚地说一声：“谢谢！”行走在教育教学智慧的高山上，我累并快乐着。

六、未来展望：我的未来不是梦

“你是不是像我在太阳下低头，流着汗水默默辛苦地工作……我知道我的未来不是梦，我认真地过每一分钟，我的未来不是梦，我的心跟着希望在动。”唱着歌曲《我的未来不是梦》，我喜欢自己的教师气质。粗粝的乡村生活和教师职业的文化气质，使得我的身上既有农民的坚韧，也有知识分子的文雅。因为身为教师，所以“德高为师”成为我规范自己行为的自觉标准。有文化的人，就更应该严格要求自己，就要规范自己的行为。对于众多默默无闻的农村教师而言，应该说，我是幸运的，毕竟，我的视野所及，是更为广阔的世界，我的确代表了富有顽强生命力和自我牺牲精神的千千万万农村中小学教师。我愿意看到的是，国家的农村教育政策不断完善，切实加大对农村教育的投入，缩小城乡差距，促进义务教育的均衡发展。

为什么我的眼中充满泪水？因为我深爱这片土地；为什么我的眼中充满泪水，因为我深爱并崇敬教育事业。我想通过呈现一位山村女教师27年间的变化引发大众对学生观、对教育观的思考，思考农村教师真实的生存境遇，以及农村教育的未来。尽管身为延庆区名师、北京市骨干班主任，但这些光环并未遮住我农民女儿的身份和纯真质朴的农村女教师形象。诚然，理想的实现需要时间，也需要先行者付出努力。我们礼赞在农村教育战线砥砺前行的教师们，也期待比他们的知识结构更具优势的新一代教师加入农村教师队伍中，为农村教育的长足发展添柴加薪。

展望自己的未来，一切已经开始，对未来我充满期待。我是幸福的教师，我的幸福感来自点亮他人生命的时候自己生命的丰盈。教师，不仅有付出，还有收获；不仅是教书，还要达到自我的提升，通过学习，从教学理念到教学方式都要有提高。

诚如一位专家所说：“教师是一种高危职业，它可以成全一个孩子的一生，也可以毁掉他的一生。”教师关乎人的命运，关乎生命的质量，关乎国家的未来，教师职业的伟大和责任全在于此。这些年的坚持和因为这份爱而得到的荣誉，给了我成长的动力。人是需要成长的，尤其是教师。关注农村学生的生命发展，这是来自农村教师极为迫切的呼声。与时俱进，与学生共成长，成就最好的学生，成就最好的自己。

人生在世要想活得有滋味，有成就感，就要学会对幸福的追逐和感悟。作为一名教师，作为一名班主任，就要教给学生追逐幸福、感悟幸福和创造幸福的能力，让学生与我们朝夕相处的每一天，都是健康、快乐和幸福的，这是我们做教师、做班主任的一种本分，一种良心，也是一种信仰。

激情，让我走进学生心灵，成为学生心中不败的“梅花”；

智慧，让我陶冶学生灵魂，成为学生心中骄傲的“女神”；

魅力，让我引领学生航程，成为学生心中最美的“妈妈”。

初心不改，砥砺前行，我的未来不是梦，在以后的教师岗位上，我依然执着，我依然眷恋，我依然追求做一个有教育情怀的新时代教师！

理论点评

点评人：孟青泉博士

一、教师成长经历概述

岳永梅老师出生于河北省的一个小村庄，在艰苦但充满爱的环境中长大，“心中充满爱”是她教师梦的基点，她坚定地选择乡村教师这一职业，铸魂育人、坚守教育初心的信念在岳永梅老师心中植根。

2002年，岳永梅老师调到延庆五中工作，她迅速调整教学方法，适应新课改要求，结合学情进行“小先生制”、新闻评述、学生阅卷、班级奖励长效机制、家校沟通等一系列的教学尝试，在实干中逐渐提高教学效率，掌握教学方法，实现教学相长。

岳永梅老师常说，贯穿乡村教育的核心是爱。立德树人是思想政治课的根本任务。回到赤城一中后，岳永梅老师以爱育人，以情聚人，日复一日地陪伴学生运动和学习，鼓励学生发展多样兴趣，促进学生长足进步。

二、教师成长过程与教师发展理论的契合点

岳永梅老师的成长过程是丰富多彩的，取得如此成就也是有迹可循的。我根据伯林纳的教师专业发展五阶段理论[1]：新手阶段、熟练新手阶段、胜任阶段、业务精干阶段、专家阶段，对岳老师的专业发展进行分析。

新手阶段。初为班主任的岳永梅老师凭借着初中班主任的榜样示范，

1 申继亮、王凯荣、李琼：《教师职业及其发展》，《中小学教师培训》2000年第3期，4—7。

凭借着学习一般教学原理、研究教学内容、反复尝试教学方法，通过暖心话语凝聚班级力量，为后续教师专业发展取得初步的教学经验。

熟练新手阶段。岳永梅老师逐渐适应教学与班主任工作后，通过新手阶段积累的经验，意识到乡村教育和城市教育的不同，能够较为理性地应对教学生涯的转折，并且能够利用一些策略。

胜任阶段。在岳永梅老师的高度投入和创造性发展下，班主任工作和政治教学工作逐渐走上正轨，能够根据自身教学经验与教学理论处理日常和突发事件。岳永梅老师在20多年的教学生涯中为国家培养了大量的优秀人才，所带班级获得北京市优秀班集体等荣誉称号。

业务精干阶段。岳永梅老师能够为不同学情的学生创造不同的学习情境。面对40名来自青海省玉树州的高一新生，她用丰富的班主任经验培养班级凝聚力，玉树藏族学生与乡村中学的学生具有很多的相似之处，如学习习惯较差、基础薄弱等，岳永梅老师能迅速采取策略，帮助他们培养习惯、提高成绩。

专家阶段。如今，岳永梅老师在北京市教师队伍中不断发挥着自己的班主任先锋模范作用，参加区班主任工作室16年，走进诸多学校开办讲座，被聘为名誉班主任，与年轻班主任一起成长，用生命影响生命。

三、对教师成长的启发和建议

岳永梅老师作为乡村教师的典型代表，为我们教师成长带来很多启发。乡村教师应该注重专业成长，积极适应并尽快融入教师角色，通过不断学习和反思提高专业能力、综合素质和自我效能感，积极探索专业成长之路。

首先，乡村教师要对自身角色进行自我反思。岳永梅老师在成长过程中，关注教学案例，投身于课堂实践，发掘学生积极性与学习内驱力，在总结中反思与积累经验，最终成长为专家型教师。教师需要将接受式学习转变为探究式学习，成为学生学习的促进者，这也是教师较为明显、直接且富有时代性的角色特征[1]。

其次，乡村教师要正确认知学生角色，教师的学生观会对教学质量、教学行为、教学态度产生直接影响，并作用于学生的发展及教师自我价值的实现。岳永梅老师在教学中善于利用首因效应，重视和学生接触的第一印象，建立良好的初期理解。同时，利用“放大自我”加深接触，满足学生爱与归属的需求，充分激发学生凝聚力、感知力、向前力与生长力[2]。

最后，乡村教师要富有顽强的生命力。岳永梅老师用自己的生命点亮他人生命，在教学岗位上仍然积极进取，不断保持学习状态，付出、收获、教书、育人，因爱而坚持，用激情、智慧、魅力追逐自己教育的幸福，同时教给学生追逐、感悟与创造幸福。青年教师亦是如此，要立足于以人为导向的教师专业发展[3]。

学生点评

点评人：戴远莉

在学习中成长，在反思中前行，成为合格的班主任。苏霍姆林斯基说“真正的教育是自我教育”。作者从小因为爱的滋润而心中有着满满的爱，从而奠定了她当老师的感情基础。她通过“小先生制”、新闻评述、合作探究等方法，促进学生们成长。

作者坚守教育初心和使命，为党育人，为国育才，成为学生成长道路上的引路人。作者坚持以爱育人，以情聚人，和学生一起收获了很多，

1 黎佳澄：《促进乡村教师专业发展的策略》，《黑龙江科学》2022年第19期，78—80。

2 张裕洋：《基于学生学习力提升的综合实践活动课程教学思考》，《试题与研究》2022年第2期，149—150。

3 尹弘飚：《教师专业实践中的情绪劳动》，《教育发展研究》2009年第10期，18—22。

成长了很多。

教师无论处于职前还是在职，都应该不断地提升自我，也就是现在流行的“终身学习”理念，可以通过自己阅读书籍，可以选择深造等多种方式。另外一点就是关爱学生，师生关系是影响教学的一个十分重要的因素，师生关系的好坏在一定程度上决定了学生是否信赖你，古语说，“亲其师，信其道，爱其术”，真心地关爱学生是得到学生信任的第一步，之后才能在此基础上让学生听从你的教诲，进而达到塑造学生良好人格的目的。

作者因为施予学生无限的爱，所以自己又收获了学生的爱，从而使自己的生命丰盈，成就了更好的自己，同时也使自己更有动力成为更好的教师。

成长的那点事儿

北京市延庆区永宁学校
高凌雨

我出生在北京延庆一个贫困的小山村里，历经16年的学习生活，2000年，我成为一名教师。好学上进的我在教书育人的道路上一路摸索，成为延庆区骨干数学教师、北京市骨干班主任，荣获北京市紫禁杯优秀班主任特等奖。一路前行，不懈努力，不负自己内心的追求，不负家长的期望，不负学生的爱戴。

一、家是根植在我内心深处的精神家园

我的父母都是地地道道的农民，小学都没有毕业，虽然文化程度不高，但都是明事理的人。我家姐妹4人，孩子多，负担重，父母想了很多办法挣钱，想给我们更好的生活。当时，村子里的人绝大多数都是土里刨食，过着原始的“日出而作，日落而息”的生活，文化程度都不高，而我们这个家族里学历最高的是我的大姨，她上到高中，而且非常热爱学习，文化素养很好。也是因为大姨，我父母在我家经济条件非常不好的情况下，还坚持供我们姐妹4人上学。妈妈希望我们能通过学习改变命运，能出人头地，也让她能在乡亲们面前抬起头来，能昂首挺胸地过日子。

在我儿时的记忆里，爸爸不仅努力挣钱，而且特别正直。他当过村里生产大队的队长，由于为人处世公正公平而赢得了村民的尊重。解放

生产力后，他带领一部分人承包了村里的果园，为了培育好那些果树，他四处学习技术，没几年就把果园管理得风生水起。有一次，外村的人来村里收粮，称完粮，算好账，我们发现多了100元，那时的100元对于我们来说可是天文数字，回家跟爸爸一说，他发了很大的脾气，不仅责骂了我们，还让我们马上把钱给人家送回去。到现在，我都忘不了他说的一句话："便宜是人家给的，不是自己占的，吃亏是福啊孩子们。"爸爸没有给我们讲过什么大道理，但他的勤劳，他的聪慧，他的正直就那样一点一滴地渗透进了我们姐妹几个的骨子里，大概我心底的那股子英雄情结也是受他的影响吧。

农村的孩子早当家，虽然我是家里的老小，但是我依然从小不点儿就开始做力所能及的事情，跟在姐姐们后边捡驴粪、马粪做肥料，去给鸡和猪打草；大一些了，每天放学去地里除草、剥棒子、打茬子，我比姐姐们高、壮，家里的力气活儿都是我和父亲一起干。所以，我身上没有女孩子的娇气，养成了吃苦耐劳的品质。在以后的岁月里，即使遇到困难和挫折我也能勇敢面对。

二、学习是丰盈我内心世界的精神食粮

小学一至三年级我是在村里上的，熟悉的环境让我这个"捣蛋鬼"完全没有把心思放在学习上，贪玩的我考试经常不及格。母亲管得很严，我们不好好学习，就会被母亲拧耳朵、打手板，她觉得好好读书是出人头地的唯一出路。四至六年级我是在离家5里地的大泥河中心小学上的，由于四年级的数学老师很厉害，所以我贪玩的情况少多了，慢慢收心开始认真学习，成绩很快提升上来，数学第一次得了100分。到现在我还记得，当我拿着那张标记着红红的"100分"的卷子给母亲看的时候，她竟开心地把我抱了起来，还破天荒地给我煮了两个鸡蛋。自那时起，母亲的笑颜和那难忘的鸡蛋让我学习的动力更强了，小学毕业时我获得市

级三好学生的称号。后来，我到离家8里地的大榆树中学上学，虽然路途不远，但是，土石路很难走，自行车除了铃不响哪儿都响，这练就了我修自行车的本领。现在回想起来，这一切真的要感谢母亲那时的严厉管教，对于年纪尚小且贪玩的我来说，既没有自律的意识，更不懂学习对我的意义。若没有母亲时时刻刻的唠叨、监督，甚至责罚，我可能也不会有今天的成绩。如今已为人母的我为年少时对母亲的顶撞、不睬感到深深的内疚。

1994年，我初中毕业后考入了延庆县师范学校。其实，当初选择读师范是被母亲强迫的。我的三个姐姐在读书上并没有很大的出息，而我的学习成绩还不错，母亲希望我能上师范当老师，她觉得当老师好，考上师范也算为她争了口气。我自己当时的志向是上高中，考大学，学法律或者新闻，去当战地记者。我的个性是爱憎分明的，还有一股子英雄主义情结，要去做惩恶扬善的工作。记得当时母亲表达她意愿的时候，我没有多说什么，因为我知道她的脾气，我顺从她的意思去师范学校参加面试，竟然通过了，她高兴极了，而我心里却暗暗做着自己的打算。填志愿草表的时候，我当着母亲的面在第一志愿一栏里填了“延庆县师范学校”，母亲很满意。但是到学校后，我便把第一志愿改成了高中。然而，在拿到录取通知书的那一刻我才知道，母亲是多么了解自己的闺女。她在我交了草表以后，到学校找到班主任又看了我的那张草表，然后，坚持让老师给改了回去。本应是高兴的时刻，我却哭成了泪人，觉得母亲毁了我的一切，觉得我的人生没有了意义。到了报到的日子，我躲在屋子里不肯去，而母亲早已把一切置办妥当，一切都是崭新的，而这一切在我看来却是那么扎眼。最终，在大姐的“押解”下，我“投降”了。现在回想起来，我应该感谢她们的坚持，7年的师范学习滋养了我的精神世界，提升了我的眼界。教师的工作虽然平凡，但却让我感受到了教师肩负的重大责任。我面对的每一个孩子都是一个家庭的希望，对他们我不能有丝毫的懈怠。教育阵地是没有硝烟的战场，我们把学生教育好了，让他们长知识，长本事，长大后，有能力去建设祖国，让祖国更强大，这比我带有英雄主义色彩的理想更有意义。

一入师范，崭新的生活便开始了。人生中第一次离开我熟悉的家，离开无微不至地照顾我的家人，一开始，周末回家的时候，遵从母命，把脏衣服打包带回家给母亲洗。后来，我也开始自己动手洗了，慢慢培养起自己的生活自理能力。师范生活是现在回忆起来最美好的日子，没有学业上的繁重压力，每天除了上文化课，还会学习书法、音乐、各项体育技能等，充实而精彩。现在回过头来看，我非常感谢师范学校对我的培养，让我的个人素质有了非常大的提升，为我这么多年的教育教学工作奠定了良好的基础。

本来三年的师范生活结束，正常情况下，除了极少数学习乐器的同学和成绩特别优秀的同学要到市里继续学习，大部分同学就可以分配工作，走上教师岗位了。然而，我们这一届在实习结束后，得到的消息是备考成人高考，实在不愿意参加考试的也可分配，我当时因为一些原因就选择了分配。后来学校做工作，让能考的尽量考，家人也劝我说："你学习是为了提升自己，是为了将来更好地工作，不要因为一时一事一人耽误了自己。"于是我改变了想法，加入了复习备考的行列。我认真复习，付出了巨大努力，最终考上了首都师范大学成人教育学院。两年的大专，我不仅用心学习，还阅读了大量的课外书籍，这大大丰富了我的头脑。在大专学习期间，一位教数学的老教师对我影响特别大，他高高的个子，满头白发，上课的时候特别认真，每一节课都会写满满几黑板的板书，字迹工整清晰，对我们每一个同学的要求都特别严格。课下，他对我们又很和蔼，知道我们底子差，经常鼓励我们只要抓紧时间好好学，就一定能学得很好。其实，我一直是畏惧数学的，学习起来也没什么信心，但就是因为遇到如此敬业的老师，这么大岁数了，还在孜孜不倦地教书育人，所以，我那根沉睡了多年的学习数学的神经被唤醒了，并且最终成了一名中学数学教师。

三、为师是体现我人生价值的舞台

2000年，我被分配到大庄科中学，那是个位于深山里的学校。我从一个小山沟走向了一个大山沟，但是心里并没有觉得委屈，而是对自己即将面对的教学生活充满期待和憧憬。

来到大庄科中学，我教初一、初二各一个班的数学，兼任初一（3）班的班主任，在山区教书的那些日子是我觉得最美好的时光。多数孩子是非常懂事的，我刚刚毕业开始工作，身上还没有褪去稚气，学生跟我特别亲近，每天围在我的身边问东问西，叽叽喳喳，有什么话都愿意告诉我。春天，我们一起去爬野长城，看漫山遍野的杏花；夏天，学生带我到河沟子里捞鱼，感受清凉的气息；秋天，学生带我去山上采野果子，品尝秋的丰硕美好；冬天特别冷，我脚都冻坏了，学生给我采草药泡脚。家长们也都特别纯朴善良，我周末家访通常会走着去，去那些离学校远的村子时就会住在学生家里，第二天家长开着拖拉机把我送到学校去。家长们特别好，把我当孩子一样对待，因不便的交通和不优越的环境带来的失落感在这一份份温暖和热情中一点点地消融了。感谢学生和家长给了初为人师的我以信任，它在一开始就植根于我心底，让我有勇气面对很多问题，也让我在后来的教育道路上走得更坚定。

这段时间，我的教学在起步阶段。虽然，师范毕业也进行了实习，但那毕竟是几年前的事了，实习的还是小学，知识不同，学生的特点也不同。学校教务处也对我们进行了一些培训，县里也组织了教研活动，但是，大部分教学经验还是要自己去摸索。我记得自己买了一些现成的教案书，参考着进行教案书写，上课基本也是怎么写的就怎么上，整体还是比较顺当的。有一次教研员王老师来听课，看着我满黑板色彩斑斓的板书大笑着说：“光看板书像画画课呀，到底哪个是重点呢？”自从他提出意见和建议，我便开始了对板书的研究。经过调整，我的板书字变大了，让坐在最后一排的同学也能看清楚；内容简洁了，重点知识一目了然，例题板演位置突出。进步除了靠自己的悟性与努力之外，确实是需要有高人指点的。我很羡慕那些分到城里而且学校还给分配有经验的老师当师父的同学，也羡慕在学校里同科教师比较多能互相听课交流的同学。不过，后来学校也专门在延庆二中给我请了一个指导老师，我每周去听一次课。我很珍惜这样的学习机会，经常向她请教备课和上课时遇到的问题，老师也很耐心地回答，那段时间我感觉自己的进步非常大。在山里教书，交通是个很大的问题，到城里教研也好，学习也罢，车次少不说，往返山路能把人折腾得够呛。另外，信息也闭塞，每次去城里参加教研活动，其他老师说的一些教学软件不要说用，我听着都是新鲜的。人家城里孩子的见识比我这个当老师的还广，我心里想：我这“落后”的老师怎么能带出先进的学生呢？条件有限成了先进教学的障碍。但是，我并没有因此而气馁，没有硬件设施，采取动手操作的方式同样可以引领学生认识神奇的数学世界。于是根据不同的教学内容，我自制出一些教具，上课的时候进行演示，帮助学生理解抽象问题；我还鼓励学生通过预习自己动手做学具，激发他们学习的兴趣。遗憾的是，恰逢信息技术在教学中兴起的那两年，我怀孕生女，以致现在我都觉得我缺失了很多东西。

2004年7月，我调到大榆树中学工作了一年，2005年7月，在延庆县十一学校教学主任的邀请下，我去那里试讲成功，顺利完成了第二次调动，成为延庆县十一学校的一分子，并且在这里一待就是15年，这15年是我真正成长起来的15年。我把自己定位为新老师，第一年接手的是八年级的一个班，这个班的孩子两极分化现象非常严重，年级尖子生也有，倒数的也有，数学成绩更是如此。A、B班的教学需要同样的教学内容备两份教案，分层进行有针对性的教学。我要特别感谢和我一同调入这所学校教同一年级的何老师，我们一同备课，我有不懂的地方，她都会及时帮我解答，还给我提了很多有建设性的教学建议，助力我教学水平的不断提高。在我上研究课时，何老师还主动帮助我一起备课，修改课件，研究课的好评有她一半的功劳。直到今天，她一样是我教学上的好伙伴、生活上的好朋友。还有主管教学的周副校长，她不遗余力地培养年轻教师，有机会就会让我们外出学习，接触新事物、学习新理念，并请名师来校指导我们的教学。周副校长也是教数学的，对数学老师的成长关注得更多一些，她自己是市级骨干教师，每年都要做示范课，为了给我们年轻教师提供锻炼的机会，她每次上课都会带一个年轻教师一起上，这样专家就可以给我们进行指导。我有幸上了三次课，备课时，周副校长会对我的教学设计提出很多好的建议，课后，还要和我一起进行教学反思，鼓励我多上课，上好课。她是我教学上的良师，也是我生活上的解忧者。这样，我连续接了两届“半截子”班，经过不懈的努力也都取得了不错的成绩，还获得了区里的教学质量优秀奖。另外，还有很多同校同科老师在各个方面给予我的帮助和指导让我在教学上不断地成熟起来，多次在区里的教研活动中承担研究课、专题讲座、教材分析、经验交流等任务。在一次次的磨炼中，我个人的教学水平和教学能力迅速得到了提升，逐渐形成自己的教学风格。2019年、2020年连续带了两届初三获得教学优秀奖，连续两届被评为延庆区数学学科骨干教师。对于一个教师来说，教无止境，学生在不断地变化，而我必须与时俱进跟上他们前进的步伐，始终秉承“学高为师，身正为范”的校训。未来的日子，未知，但值得期待。

到延庆县十一学校的第五个年头，我教七年级，并且担任了一个班级的班主任。而我之后的高光时刻，也是在这一年起步的。我参加了学校的德育活动课评优，我的《晒一晒，我自己》被推选到县里参加评优，并获得了一等奖，接着参加八达岭长城杯优秀班主任评选获得了一等奖，由于评选过程中表现出色，德育教研员辛老师推荐我参加了全国班集体建设演讲大赛，她指导我聚焦班集体建设，并帮助我进一步完善演讲稿，最终，我一举拿下了演讲大赛的一等奖。后来，我连续参加了三届区里的班主任基本功大赛，这让我在个人能力方面得到了极大的锻炼。其间，我还在辛老师的带领下参加了北京市班主任基本功大赛，备赛的日子是极其煎熬的，每周要参加一次集训，辛老师还带我们一起去找专家指导，绞尽脑汁地帮我们打造符合我们个人特点的节目，我把教育理论的册子翻了上百遍，已经翻毛了，翻烂了，每天躺在床上，走在路上，上课间隙都在练习，都在设计预想。功夫不负有心人，我获得北京市班主任基本功大赛市级二等奖，还摘得了最佳魅力奖。2021年，在北京市第一次举行骨干班主任评选中，我被评上了。德育教研员辛老师是我班主任成长之路上的贵人，她带着我一路前行，一路成长，把我培养成一名优秀的班主任。

回顾我10多年的班主任生涯，我经历了三个阶段。

第一个阶段，照搬他人，荒芜了学生的心田——我做超级模仿秀。做了10多年的学生，也经历了各种风格的班主任，可是，真的要自己去做这个工作，却不知从何入手。于是，除了留心身边的老班主任的一举一动，便是一头扎进书店，去寻找当班主任的“宝典”。至今令我记忆犹新的是，当我翻开魏书生老师写的一本《班主任工作漫谈》的目录时的那份激动和狂喜，那本书简直就是一盏为年轻的新班主任点燃的指路明灯。

正是这本书把我领进了班级管理的大门，我把其中“人人有事做，事事有人做”的常规管理方式运用到我的班级管理中，本着“越细越好”的原则，班里的几乎所有事情，我都分到学生头上。果然，学生的责任心被激发了出来，而且拿出了比拼谁做得最好的劲头，这使班级日常工作运转有序，事务性工作井井有条。学校的流动红旗光临我们班的次数频繁起来，一学期下来，我带的班被评为校级优秀班集体，学生被评为校级优秀少先队员，我也被评为校级优秀班主任。我心中窃喜：初战告捷！

当然，我也让学生写班级日志，我也学着魏老师“民主”管理，学生要求什么我就答应什么，一样一样我能搬的都搬来用了。但是事情并没有像我想象的那般逐步好起来。记得有一次，我发现放笤帚的柜子乱糟糟的，显然是没整理，可是我看大家谁都当没看见一样，就很生气地问：“笤帚怎么没摆放啊?”学生们都瞪着眼睛对我说：“您不是说只要负责好自己的事情就行了吗?”我这才恍然大悟——负责摆放卫生用具的同学今天生病请假了。我不禁问自己：魏老师常年不在班里，孩子都能像爱自己家一样爱班级，而我不仅用了魏老师的管理方法，还天天泡在班里面，怎么我带的学生就把我说的话实践成了“各扫门前雪”了呢?接着我发现，那本班级日志躺在一个学生的桌斗里很长时间了也无人问津，于是迟到的多了，打架的出现了。诸如此类事件屡屡发生后，我明白了原来在他们心中，犯了错误无非就是写份“检查”，根本没把班级荣誉放在心上。

经过思考，我终于明白了一个道理，我充其量就是一个优秀班主任的超级模仿者，只是在模仿他们的教育方法和技巧，并没有形成自己的教育理念。这就像是唱歌时没有注入感情的歌唱者，永远都不能打动观众的心。而我的学生恰恰不幸地成了我的试验田，没有心灵的沟通，没有恰当的教育引领。所以，是我荒芜了他们的心田，放纵了他们的行为。经过反思，我决定改变这种现状。

第二个阶段，实践创新，做客学生心灵家园——我做勇敢思行者。班主任工作是基于心灵沟通的教育活动，失去创新就会失去生命的活力和发展的动力，只能止步于亦步亦趋的因袭和刻板呆滞的复制。于是，我在学习中不断完善，在思考中不断深研，在实践中不断创新，完成了从教育研究的跟随者到教育研究的先行者的转变，从教育智慧的守望者到教育智慧的生发者的转变。德育活动课凸显集体主义教育举措。我先从2004年开始进行“主题班会”的改革和试验，将传统意义上的“表演作秀式的主题班会”改革为“动态生成式的德育活动课”，班会的形式与内容、手段与方法有了质的突破和飞跃，得到广大师生的认可和喜爱，而我正是德育活动课变革的实践者和受益者。在没有固定模式，亦没有系统教材的情况下，我从学生行为表现中挖掘素材、寻求主题，逐渐形成自己的特色。如今我的德育活动课已成系列：学段系列、内容系列、形式系列。

学生如散沙时，“我与集体”“合作能多赢”来凝聚；学生不会交往，“倾听的美”“让你的语言美起来”来指导；学生学习懈怠，“学会归因”来鼓励；学生心结难解，“说句心里话”来排解；社会大课堂归来，“走出校园　走进社会”来总结；初一，“告别童年”来回忆；初二，“解读青春”来解惑；初三，“我的未来不是梦”来树信心。借着改革的东风，我利用自己的优势和特色再次寻求到了班集体建设的有力抓手，找到了集体主义教育的载体，对于学生各方面的教育效果明显显现。另外，我班每周都会利用班会课，依据做人做事、学业成绩、劳动纪律、个人才艺等五大方面评出“周冠军”，周冠军将获得一张奖状和每个同学对他的祝福；再从4个“周冠军”中评出“月冠军”，并将“月冠军”的照片和资料张贴到墙壁“星光大道”专栏上。学期末再在5位“月冠军”中评选出“年度总冠军”，获此殊荣的同学会得到班主任的热情拥抱和他们意想不到的神秘奖品。学生对这个活动很感兴趣，充分表现自己的优点，将亮点发挥得淋漓尽致。为了争得这份荣誉，他们对平时的一言一行，更是一丝不苟、自觉自律，唯恐给班级抹黑。通过“星光大道”活动，学生们在集体中找到了自己的位置，感受到了自己是集体一员的幸福，体验到了自身的价值。张扬自我个性的光芒照耀着班集体的每一个角落。

第三个阶段，放手去爱，成就学生自主成长——我是幸福的收获者。每一个学生都是一个独立的人，如果你不把他们放在应有的位置上尊重他们，理解他们，甚至热爱他们，那么你的管理就不会有太大的成效。所以，我选择放权给学生，让他们成为班级真正的主人。引导学生实行“自主管理，自我教育”，让他们在自我管理中享受成长的乐趣。

第一，让“事”给学生，乐为班级活动的参与者。我把组织开展活动的权力交给学生，尽可能地调动学生参与的热情，尽可能地放手，适当地引导。5月份，由班干部牵头自主开展了“感恩母亲，感受母爱”的主题月活动。那是个令人感动的5月，全班同学积极准备，搜集素材，整理资料，细致分工，团结合作。学生们通过活动看到身边的事例，深刻体会到了母爱的无私与伟大。忘不了运动赛场上学生们的奋勇拼搏和比赛胜利后的灿烂笑容；忘不了“社会大课堂”活动中学生们在爬山时与我的相互扶持；忘不了“低碳生活从我做起”活动中学生们出色的表现；更忘不了合唱比赛失利后，学生们坐在班里久久不肯离去的失落身影。一次次班级活动的组织筹备，让学生们明白了合作的价值，展示了智慧，锻炼了毅力，也让学生们在活动中学会了自我管理，在教师的引导下，学会了自我教育。班级的凝聚力也在活动中大大增强了。

第二，让“地”给学生，愿当成长空间的建设者。建班之初，我都会给学生们介绍他们的地盘，那就是班级四周雪白的墙壁，告诉他们：“这是你们的自留地，你们可以在上面书写、展示自己，张扬你们的个性。”班干部每一次确定主题都会征求我的意见，而我也借此引导班干部利用班级文化对同学们进行学习、生活、价值观、行为方式、精神风貌等方面的感染。这样，既解放了学生们的手，也让学生们在付出中更爱自己的班级。

第三，让“话”给学生，愿为学生心声的倾听者。每周一晨会，开设“心灵自助餐”，学生在自我总结和反思中，不断挖掘自己的闪光点，不断发现不足，鞭策自我奋进。每月一总结，唤起学生对自身的思考，学会自觉地检验自己。每学期一自评，通过自评让学生能够认识自己，意识到尺有所短，寸有所长。班干部还不定期地根据班里的大事小情组织讨论会，学生幽默地说：“谢谢您为我们创造这么多解放嘴和脑的机会，让我们能在讨论、思索中学会选择，学会解决问题。”如此的大胆放手，让我收获了为人师的莫大幸福，那是学生在学习上的一个个进步，是学生努力赢来的一面面流动红旗，是班级在各类比赛中获得的一张张奖状，是学生一次次冒雪给我的车座套上的塑料袋，是我生病时学生给我送来的药物，是每逢节日学生发给我的温馨的祝福短信。

这么多年走过来，我始终认为，只有班主任才称得上是真正意义上的老师！有了梦想，才有求索的道路，才有热爱。有了热爱，能赋予顽石以生命；能赋予泥土以灵性；能赋予死水以波澜。热爱，能给万事万物一缕灵动的魂。启程之前，我已给自己准备好装花种的口袋，以便在生命最漫长的一段路上，能够花香怡人。

四、教育反思

母亲带给我的影响

因为走上教师岗位是出于母亲的意愿，所以，在我自己有了孩子之后，我更尊重孩子自己的想法，凡事都会听听她的心声，我只做建议者，如果她觉得有道理并愿意听便听，我一般都会尊重她的选择。对于学生，尤其是到了初三填中考志愿时，我经常会问："你是怎么想的？"听听学生内心真实的想法。我会对家长说："孩子有自己的想法，请您听听他的想法，这很重要。"从另外一个方面讲，母亲替我做出的决定影响了我的一生，我曾经无数次地当着或者背着母亲的面埋怨她。直到今日她也不后悔当初的决定，因为她看到她的女儿在教师岗位上尽职尽责，兢兢业业地工作很是欣慰；因为她听到家长和学生对她女儿的表扬和肯定很是开心；因为她的女儿所做的一切确实让她很骄傲。而我，虽然最初不是出于热爱走上的教师工作岗位，但是，我并没有因此而沉沦，因为我深知教师的工作是个良心活儿，容不得半点懈怠。我可以能力有限，但绝不能态度不端正。捧着这样一颗责任心走在教育的大路上，我心坦荡。也正是这份责任心，让我的教育教学工作风生水起，收获颇丰。

老师带给我的影响

我遇到过形形色色的老师，他们对我的影响有深有浅，但都或多或少地影响了我。我会尽可能公平公正地对待每一个学生，我会尽全力带好、教好我的每一届学生，不给自己留遗憾，不让学生有遗憾。我懂得，老师的能力可以有高有低，但是老师的品格、品行绝不能有瑕疵。

为师经历的影响

在深山、半山区、县城、乡村等不同环境工作后，我感受颇深。虽然说，无论何时，无论何地，爱都是教育的主旋律，但爱的内容是什么？怎么爱？爱的边界是什么？这里面有着很大的学问。初为人师入深山时，年轻气盛，满是斗志。那时山里不仅空气好，人也纯朴善良，孩子们是“识相”的，大多数孩子在犯错时，都会小心翼翼地看着老师的脸色，怕惹老师再生气。当然，也有一些孩子是真的很顽劣，要花费大量的心思去想怎么“对付”他。那时的爱应该是一个不太成熟的年轻人带着一份好强的满是“征服欲”的爱。工作四五年后，随着自己有了孩子，心里“你必须服从”的那种想法慢慢退去了，教师的那份爱中渗入了一丝丝母爱的柔和。于是，就有了军训中一针一线给孩子们缝破了的衣服的我，有了孩子生病后着急地寻医问药的我，有了被孩子顶撞时先平静下来细心地询问原因的我。我所赋予孩子们的爱让更多的孩子在我身边聚集，让我的心平和了很多。

从教20多年，从上学到工作，我从未走出过延庆这片热土，也许它的眼界、它的视野比不上大城市，让我有时心生遗憾，但是一方水土养一方人，我热爱我们这方民风淳朴、风景优美的土地，我愿意为这方水土的教育做出自己的贡献。以前是，以后依然是。

理论点评

点评人：康晓伟教授

生命历程理论侧重于研究剧烈的社会变迁对个人生活与发展的显著影响。“个体的生命嵌入了历史的时间和他们在生命岁月中所经历的事件之中，同时也被这些时间和事件所塑造着”[1]，换言之，个体从出生到成长过程中身处的社会时空背景和历史事件潜移默化地影响着个体的生命历程和发展抉择。

家庭是个体主要的社会化场所，对个体生命选择具有较强的影响力。以资本占有力量的强弱为划分依据，高老师的父母处于社会底层，他们不想让孩子重复自己的命运，寄希望于教育，将“读书改变命运”“读书才有好出路”视为正途。父母对于个体求学的作用不仅体现在观念的影响上，还在于他们生命目标的传承。父母的高期待常常伴随着严厉的管教，“拧耳朵”“打手板”成为她成长路上的宝贵财富。取得优异成绩后，父母的奖励也成为高老师学习的附属内驱力，激发她日后学习的动力。

上师范是长辈心中的最优选。从求学升学、“放弃”高中、进入师范，高老师在这个时间段充满着被动与无奈。但即使面临陌生的时空场域，高老师心中仍存在着诸多的“不情愿与不理想”，她仍然在师范院校探寻“理想自我”，努力学习专业知识。20世纪末，中国经历了体制改革，社会加速转型，市场经济高速发展，师范的就业政策不再“包分配”，改为双选制。国家教育目标的调整，体现出了对教师的更高要求，高老师也在不断的学习中，强化了从教的情感经验。

1 埃尔德：《大萧条的孩子们》，田禾、马春华译，译林出版社，2002。

初涉教育场域，乡村孩子的懂事、家长的热情逐渐使高老师消融了初来时的不安，成为个体自我职业认同中的价值信念支撑，她坦言“在后来的教育道路上走得更坚定”。个体年龄变化随之带来社会角色的变化，这种角色变化发生在成家与生育等生命事件中。角色的变化作用于个体的职业选择，高老师在完成生命事件后，选择继续从教，但不同的是，教师的那份爱中渗入了那么一丝丝母爱的柔和。

工作中的历练和真实体验使高老师对教师行业产生切身的认知与理解，使自己更专业化，最重要的是有自身的教育追求和教育感悟，并意识到了作为一名教师最重要的品质——教育情怀。

首先，增强自主发展意识是高老师教育情怀的重要组成部分，若没有自主发展意识，教育思想、教育理念终将落后。只有持续充实专业知识、更新教育理念，才能跟上时代的步伐。高老师在教学起步阶段的三个做法体现了她的自主发展：买教案书、摸索板书、耐心请教指导老师、动手操作自制教具。此外，在延庆县十一学校参加德育活动课评优比赛、班主任基本功大赛等，无不体现了她的自主发展意识。

其次，凯尔克特曼斯指出：“不少教师都认为在专业发展过程中会有对自己影响很大的某个人物，这个人就是教师专业成长中的关键人物。”[1]王老师、何老师、辛老师、周副校长等都是高老师专业发展过程中的关键人物。在学校场域中，他们掌握着大量的文化资本，高老师作为个体存在于这样的群体之中，借助群体间成员各异的知识结构、智慧水平和认知风格等的优势互补，促进自身专业成长。

最后，心理学研究的“罗森塔尔效应”或“皮格马利翁效应”充分证明，教师对待学生的态度是促使教育成功的关键变量。“教育绝非单纯的文化传递，教育之为教育，正在于它是一种人格心灵的唤醒，这是教育的核心所在。”[2]一方面，高老师对学生有仁爱之心和宽容之情，表现为

1 叶澜等:《教师角色与教师发展新探》，教育科学出版社，2001。

2 邹进:《现代德国文化教育学》，山西教育出版社，1992。

关心学生的学习和生活、理解学生的情绪和感受、包容学生的意愿和选择、容忍学生的过错和不足；另一方面，高老师按照教育目标严格要求学生。在教育过程中，她逐渐明白教师应尊重学生，放手去爱，成就学生自主成长，然后做幸福的收获者。

学生点评

点评人：郑晓婧

何为师者？所谓“传道授业解惑也”，是拥有专业学科教学知识的传播者，是掌握出色教学技能的讲授者，是培养民族未来希望的建设者……通过教师的诸多表述，我感悟到教育事业的责任与意义。成为一名合格的教师是学为人师的基本要求，而追求卓越，不断超越，成为一名出色的人民教师才应该是每一位为师者的目标。

教师更像一位花农，怀揣着希望的种子，这种子浸润了人类智慧的养分，汲取了世间万物的灵性，更裹挟着教师的热爱与希冀。教师将这花的种子播撒，在每一寸土地绚烂绽放，耕耘出不一样的花田，这花香也将在更远处弥散。在不久的将来，花的种子将继续萌出、发芽、长大。这份耕耘中倾注的无限的爱与汗水，均源自内心厚重的责任感与使命感。唯爱与责任并行，教育、教学工作才能如种花一般绚烂多彩。即便在这个过程中有一些心酸与苦楚，教师终如烨烨明灯一般，永远闪亮在无数学生的生命之中。

读了高凌雨老师的《成长的那点事儿》，我深刻地感悟到一位优秀教师身上强烈的责任感与使命感。读了高老师的经历，我联想到自己，“为学为师，求实求新”是我进入首都师范大学求学时，深深印在心里的一句话。今日身处学校的我，是一名求学者，为明日站上讲台成为一名合格的教师而夯实专业知识。成为一名教师，扎实的专业知识与出色的教学能力是基本素养，随着时代的发展，面对不同性格的学生，这种基本技能和素养也要不断更新。除此之外，教师更重要的就是对教学、对学生的爱与责任，这点我从高老师的文字中深刻地感悟到了。在高老师眼中，为师是体现自我人生价值的舞台，比起在城区拥有优越教学条件的学校工作，在山区学校的坚守足以见证高老师的高尚情怀与责任担当。教师应当不仅能在拥有最好的教学资源的学校里展现自己的教学能力，绽放自己的教学风采，还要能在每一个需要教育的地方，去承担这份使命，坚守这份责任。我以前认为，只有在好的平台上，才可以成为一名优秀的教师。其实，真正的好教师在每一片土地，在任何一个讲台都可以绽放自己，不是这片“水土”成就教师，而是教师自己成就自己。

两年后我即将走上讲台，踏上成为一名优秀教师的道路，高老师的人生经历和教学探索会成为我的标杆，不断警醒自己保持时刻学习的态度，苟日新，日日新，携爱与责任而行，不负自己内心的追求，不负万千家长的期待，不负莘莘学子的热爱，“教书育人、立德树人”，不负国家的教育事业！

从教值得

北京市延庆区教育科学研究中心
刘芳

一、出生的故事

1987年9月21日，我出生于北京市延庆县。延庆属于北京的远郊区县，与北京城区隔着大山，虽然延庆属于北京，但是我们从小一说去城区就是去北京，好像自己不是北京人一样。随着经济的发展，现在延庆成为越来越宜居休闲的胜地，也有北京“夏都”之称，因此从小在这样一个有山有水的地方长大的我，因为接触外面的人比较少，所以单纯而朴实。

从小，我的父母对于我上学的期待就比较高，他们认为要让孩子受到自己能力范围内最好的教育。也正是因为父母的高期待，让我享受到了很好的教育资源，也让我从小在心里树立了目标——我要好好学习，不能辜负父母的期待。记得父母为了让我到县城上学，卖掉了村子里的房子，我在延庆县城上了幼儿园，幼儿园毕业后，父母硬是托人把我送到了当时延庆最好的小学——延庆一小。记得刚上小学的时候，一切事物对我来说都是新鲜的。第一次背起书包，第一次规规矩矩地坐在教室里面，第一次有了课本，第一次读课文，第一次感受到等待下课铃的焦急……许多的第一次构成了我崭新的小学一年级。

总的来说我的童年是幸福的！我生活在一个普通的家庭，是独生子女。母亲是延庆本地人，父亲家以前在东城区东四十条，后来举家搬迁到延庆。小学时父母为了让我有艺术细胞给我报过琵琶班、画画班、毛笔字班，可那些都不是我喜欢的，我就喜欢看书，看各种各样的书，只要家里一给我钱我就拿去买书。小时候父母忙，没有时间陪我，我的周末和假期基本上都是在图书馆度过的。我经常会拿着一个小本子去图书馆看书，把自己喜欢的句子、段落都抄写在小本子上。让我至今记忆犹新的是一次我过生日，爸爸看到我喜欢看书就给我买了一套百科全书。我们现在买书并不困难，从网上下单就有快递员给送到家了，可是那会儿不一样，延庆地方小，交通不便利，很多书在延庆买不到，于是爸爸特意去城区，整整花费6个小时才给我买回来，所以那套书对我来说有着特殊的意义，既包含了爸爸对我的爱，也反映出我的家庭在学习上对我的支持。因为家里的支持，我在小学六年级毕业时，基本上读完了所有的国内外经典名著。后来随着年龄的增长，我开始看杂志，让我印象特别深刻的一本杂志叫《萌芽》，我从初中开始到高中一直订阅这本杂志，它陪我度过了漫长而枯燥的初中和高中时光，当时《萌芽》杂志里发表了很多新概念作文大赛获奖作文，里面的一些连载故事和短文对我产生了很大的影响。因为杂志的创办地是上海，我读到了很多作者笔下的上海，所以那会儿我对上海特别向往。当时的经济条件有限，没办法走出去看外面，我对中国乃至世界的认识都是从书中而来。虽然我的家庭不是大富大贵，但是从小我的生活都很富足和开心。

小学六年转瞬即逝。进入初中后，我才真正有了自己的思想疆域。我的初中生活有苦有甜，“被迫”当了班干部后，虽屡屡受挫，但我也学会了该如何与人打交道。初中生活让我很难忘，拥有这样的老师和这样的同学使我的初中生活有滋有味，我真心谢谢他们！

二、痛苦并快乐地求学

从小到大我都是在延庆上的学，基本上没接触过外地人，就更别说外国人了，班级学生的流动性也比较小，好像从幼儿园到高中，人基本没怎么变过。我上小学的时候很听话，成绩也一直很好。我们小学的班主任，也是语文老师，对我影响非常大，因为她非常厉害，对我们要求十分严格，我的语文学习从此奠定了坚实的基础。在延庆三中，当时我们的班主任对我们影响也非常大，全班同学都特别喜欢她，都听班主任的。她的教育方式不是硬管，而是引导，对我们也比较宽松，这不但没有影响我们的班级建设，反而让我们班非常团结。那时，班里男生特别喜欢足球和篮球，初三那年正好赶上世界杯，那一届也是中国男足第一次进入世界杯，我们班主任给我们开电视，让我们在学校看世界杯。其实也正是因为班主任走进了我们的内心，所以，同学们都能接纳她，愿意向她吐露心声，使我们相互的了解越来越多。在班主任的带领下，班级形成了特别融洽的家庭氛围，大家把班级当成自己的家，同学们的关系也越来越和谐，直到现在班级凝聚力都还在。上班后我们初中同学还会经常聚会，当然每次聚会我们都会邀请我们的班主任老师，与她分享生活、工作中的经历。

我们中考时赶上了特殊时期，中考前几个月我们开始停课，后来，我们中考科目由五科改成了三科，只考了语数外，这对于我来说是非常有优势的，因为我当时偏文科，因此中考我以年级前几名的成绩考进了延庆一中。高中三年，是我最难忘、最痛苦、最快乐的三年，用当时流行的一句话就是“痛并快乐着”。高中时我感觉自己学习劲头明显不足，特别贪玩。高中之前我都是好孩子，特别听话，上高中后，到了高三才知道学习，但已经太晚了，所以当时只考上了个二本。

大学四年是我所有求学经历中最难忘的四年。上了大学之后，我走出延庆这个小地方，真正见识到了大城市，看到了各个地方的人，有来自五湖四海的同学，还有来自世界各地的老师，他们对我的影响一直持续到现在。我记得我刚进入大学见到同学们的时候，觉得他们都特别漂亮，从穿着品位到气质都特别好，那时候我才知道自己以前真的是没有见过什么世面。我们宿舍全是北京的孩子，哪个区的都有，但是我们相处得还是很融洽的，我们一起泡图书馆、一起逛街、一起吃饭、一起聊天，大家互相帮助。我在大学学的是英语专业，我很庆幸选择这个专业，因为这让我结识了很好的老师和同学。现在我们大学同学还会经常联系，有的同学从事了旅游业，有的像我一样当了老师，有的出国定居，有的做贸易。我有时候很羡慕他们，可以闯荡世界，但我最终还是回到了生我养我的地方——延庆。

三、当老师后的变化

当了老师之后这几年，我发现我变了很多，其实是从老师的身上学到了很多，比如做计划、定目标、为生活做规划等。生活上，以前我是一个没有计划的人，当然也没有存款，当了老师之后我逐渐对自己的生活有了计划和规划。选择当老师让我找到了生活目标、奋斗目标，或者说是人生的方向，我认为做老师不光是对学生进行教育，对于我自身的修为、修养也是一种锻炼和提升，因为教师的职业素养、专业素养就要求我做一个严谨、宽厚、勤学、慎思的人，这样的修为对自己的孩子、家庭都有很好的影响。既然选择当老师，就要当一名班主任，这样与学生相处的时间更多。我所任职的康庄中学是一所德育为先、德育为首的学校，能在我们康庄中学当班主任，是自己工作能力的一种体现，当了几年班主任之后，我便真的理解了魏书生的这句话："我属于愿意当班主任的那类教师，我总觉得，做教师而不当班主任，那真是失去了增长能力的机会，吃了大亏。"

四、生命中的遇见

每个人在每一个时期都会遇见指引自己前行的人，对于我而言，我是幸运的，我在各个工作领域都遇到了我的引路人。在我的教师职业生涯中，遇到的第一位贵人是辛计伏老师。辛老师一直在指引着我的职业生涯，让我没有那么迷茫。在工作上，辛老师指导我工作方法，教给我工作技能；在生活中，她对待生活的态度给了我更多的指引，让我思考人应该怎样去生活。我真心佩服辛老师，佩服她的那种敬业精神和乐观心态，我也向她学习，一直在前行，感觉我的人生目标非常明确！在辛老师的培养下，我在带班满三年的时候参加了北京市班主任基本功大赛并获得了两个第一名；第二年，我参加了全国第四届中小学班主任高峰论坛，在厦门站和湖州站分享自己的带班经验。在此之前我从未想过自己能登上那么大的舞台，能在那么多优秀的老师面前分享自己的经验。那次给我的记忆特别深刻，所有跟我一样来分享经验的老师，不是来自清华附中的，就是来自北京四中这些名校的，而只有我来自延庆一个乡村学校。他们的学历不是硕士就是博士，只有我是本科，当时我真的不是很自信，但站在台上，我看到我讲的时候台下很多老师都举起手机拍照，就在那时我知道我并不比任何人差，也是从那个时候开始我更有信心去走今后的路。

从教至今，刚好10年了，10年里我拿到了班主任市级奖项的荣誉大满贯。我还记得我第一年当班主任时的一次培训，那情景历历在目。当时辛老师带着马晓辉老师给我们新班主任做培训，辛老师美好的样子至今令我记忆犹新。我向来不是一个认真听讲的人，但是辛老师的培训把我深深吸引了。我当时想，我也要成为马晓辉老师那样的老师。之后每次辛老师培训，我都认真听，最后实现了一个又一个突破。在我的职业生涯中，如果没有辛老师就没有现在的我，是她把我带上了教育的道路，指引我一直前行。

我遇到的第二位贵人，是负责学校德育工作的领导金老师。其实当班主任一路走到现在，他帮我做了很多规划。当我还是新人的时候，他会让我学习、锻炼，之后有了一定经历的时候，他又给我提出更高的目标，向市级优秀班主任冲刺，带小徒弟等。每一次的目标对我来说其实都很遥远，但每一次我也都出乎意料地达成了目标。与其说他是领导，不如说他是一位大哥，工作中他很照顾班主任，生活上能帮上忙的他绝对义不容辞，做事果断、干脆、利落，引导着我们一直积极地往前走。我们学校很多老师都在他的带领下成绩斐然。我要说："谢谢您，金老师！"

我的第三位贵人是一直跟我一起合作的王老师。她从事英语教学多年，每当我在教学中遇到问题时，她都会毫无保留地教我。我有的时候感觉她把我当成了学生，她也经常说我跟她带的第一届学生一样大，所以一直把我当学生看。在我的专业成长道路上，我出了两次成绩，第一次是我带第一届学生，初三英语成绩超越了四中。第二次，也是今年我带的第二届学生，他们的成绩在全区名列前茅。

千里马常有，而伯乐不常有，很庆幸我能在工作中遇到欣赏我的老师、领导，我觉得自己是一个幸运的人。

五、教书育人的改变

从教十年来，我从一个教师小白成长为一名经验丰富的教师。我的教师之路也走得比较顺利，十年间，我从新手教师成长为北京市骨干班主任。平时教学时，我会在教学内容中融入很多拓展孩子眼界和思维的东西。我们要培养的是将来进入社会的人，是未来中国各个领域的人才，因此，我从来不凭借分数给学生做任何标签，而是给予学生最需要的东西，让他们有能力去面对自己以后的生活。

乡村学校的课堂需要把握好每一节课，因为孩子回家后缺乏家长的监督，学生自觉性也不高。我为此想了很多办法，让他们在课堂上收获更多。课上我非常喜欢给孩子们讲故事，孩子们也特别喜欢听我的所见所闻，于是我把这些零零碎碎的见闻融入每一次的课堂当中。这竟在不知不觉中形成了我的教学风格——打造"灵动班级"，让学生即使身在山沟沟里也能看到外面精彩的世界，实现青春梦想，追求美好未来。我们学校是一所农村中学，班里24个孩子都来自农村，父母都是农民，80%是初中文化水平，平时忙于生计，跟孩子缺乏语言沟通和情感交流。孩子们由于缺乏良好的教育资源，内心自卑怯懦，外表狂野粗悍，眼界单一狭窄。不少孩子连北京市都没出过，更别说出国了。作为一个年轻教师，我被学生称为“时尚潮人”。鲜明的个性让我成了一名“不一样”的老师。我酷爱旅行，喜欢“在路上”的感觉。行程从市内到市外，从国内到国外。我愿意敞开自己去经历和体验。旅行成了我假期中的“必修课”，即使是三天的小长假我也不愿意浪费。有了这群学生后，我的旅行也开始变得不一样了。我想带着他们一起去“看”更广阔的世界。我成了学生的眼睛和耳朵，我把我去过的地方做成了“课”讲给孩子们听，放给孩子们看：去了西藏，我给他们讲《布达拉宫》；到了成都，我给他们讲《辣火锅》；去了云南，我又给他们讲《云南八怪》；去了泰国，我给他们讲了《“泰”美丽》；韩国归来，我给他们讲《“韩”流来袭》；巴厘岛上，我跟他们“现场直播”，让他们看巴厘岛“蓝色的眼泪”。我把世界带进教室，让孩子们的视野变得开阔，未出家中门，便知外面事。这间特别的教室，有一套我们自己的象形符号系统，赋予了这个时尚空间精神力量，聚集着一群有个性、有眼界的朝气蓬勃的少年。孩子们说：进了咱们班，天天有说有笑，活得有滋有味，觉得有头有脸。我看得出他们开心极了。

有一段时间我发现学生们神神秘秘的，见到我还窃窃私语，好奇的我“拷问”了班长，她竟然问了我一个让我愕然的问题：“您会玩‘抖音’吗?”我马上意识到我在某种程度上偏离了他们的世界。为此我下载了“抖音”手机软件。申请了“抖音”账号，拍了短视频上传，马上引来了学生们围观，收获了全班的粉丝，凭借着“大数据”的功能，我修改了学生“抖音”圈的风向标，借助“抖音”平台，通过新媒体建设灵动班级再添新彩。我借助学生喜欢的“抖音”，设计了生动有趣的班级课程，把“抖音”课程化，迅速形成了我们班的德育品牌——“抖音”班会课。我把班会课变成“抖音”式的德育活动课，利用“抖音”短视频分享正能量。每次的班会我都会设计三个环节：看“抖音”—辨“抖音”—拍“抖音”，充分发挥学生的主体作用，让他们用自己的视角去践行价值观、培养好习惯、宣传新风尚、传递正能量！孩子们慢慢喜欢上班会课了，更喜欢拍美好的事物了！其实“抖音”就像一个魔镜，你眼里有什么，它就会给你推送什么。当你看到文明的行为、感受到文明的美好，你就想践行它并传承它，反之则会反向发展。延庆素有“夏都”之称，举世瞩目的八达岭长城、蜿蜒曲折的妫水河、震惊中外的世博会、即将召开的冬奥会，都成了我们“抖音”乡土课的主题。我带着学生走进大课堂，开启“生态文化”乡土课堂。每去一个地方我们就在“抖音”上留下一个印记，通过这样的课程，学生了解了当地的传统文化、地方特色、风土人情。我们走过了大大小小20多个生态区域，学生们感受到了自然生态与人文生态最完美的结合，做出了最完美的生态教育范本。通过“抖音”，三年来我们从形式到内容到主题到创造再到传承，环环相扣，层层深入，学生们不再贪恋网络，而是注重实际、敢于创新。我的学生有灵气，我的班级显灵动，家校之间有灵犀。

一群少年，在三年的时光里，怀揣梦想上路，奔向远方，这源于“灵动班级”所带给他们的幸福而完整的教育生活。作为一名班主任，我将继续坚守教育使命，让孩子们拥有奔向光明的力量、追求真理的勇气和坚守善良的初心。少年们在未来的生命历程中相信远方有灯、脚下有路、眼前有光，生命得以精彩绽放。

六、对未来的展望

不知不觉我已经30多岁了，时间快得让人害怕，曾经有一段时间我深陷在自己年龄越来越大的恐惧当中。我害怕变老、害怕变得没追求、害怕自己随着年龄的增长失去对生活和工作的乐趣。在我心里总觉得岁数大跟“随波逐流”这个词很贴近，因为岁数大了，不去争取了，因为岁数大了，不去尝试了，那不是我想要的生活，我还是想活出自己的样子，不想被社会束缚，不想被年龄束缚，更不想被生活束缚！

今年我调离了一线岗位，到延庆教育科学研究中心做班主任研训工作，这也是我的愿望，我希望能在这方面做出更多创新的东西，而且我多年在辛老师的带领下，也在她的影响下，更愿意在这条道路上走得更长、更远，更有信心在班主任领域创造更多的东西。

到教研中心之后，恰逢北京举办2022年冬奥会，因此我被派到了北京2022年冬奥会和冬残奥会延庆制服和注册分中心做注册服务工作。能在家门口为冬奥会做贡献，我觉得很荣幸，我也能从工作了10年的教育口出来，感受到不一样的环境，接触非教师身份的各行各业的人，很开心。

生活还在继续，我的教育经历也会继续，保持初心，不辜负自己，努力！

理论点评

点评人：康晓伟教授

对于场域理论的了解离不开“场域”“惯习”“资本”三个关键因素，布迪厄曾在《实践与反思——反思社会学导引》一书中指出，场域理论中场域、资本、惯习密不可分，相互依存而生，三者共同作用于实践，并以此为基础研究其内部关系及其因素[1]。在刘芳老师的成长历程中，我们可以看到，不同时期不同场域下的各种资本都对刘老师惯习的产生和价值观的转变产生了深远的影响。

家庭场域中，富足的生活水平和优渥的家庭条件为刘老师提供了经济资本，使她有条件举家搬迁到县城，选择好的学校，从而得到较好的教育资源。家庭经济资本在为刘老师物质生活提供最为基本的保障的同时，也给予了她良好惯习形成的环境，虽然经过不断“试误”发现自己没有艺术细胞，但在图书馆读书的美好时光可谓刘老师人生的宝贵财富，让她产生了良好的学习惯习。场域中各种资本相互影响，优越的家庭经济资本也使刘老师的家庭具有强大的文化资本，刘老师父母十分重视对她的培养，抓住文化资本积累的基础时期，通过家庭教育潜移默化地为少年时的刘老师输送文化资本，比如父亲买的百科全书正是对刘老师学习上的支持。

学校场域以促进学生发展为基本的价值追求。班级文化场域是学校教育文化场域的一种形态。班级在一定程度上是由不同惯习的学生群体构成的，初中两年的班干部以“符号资本”优势使刘老师学会在个性化

---

1 皮埃尔·布迪厄、华康德:《实践与反思——反思社会学导引》，李猛、李康译，中央编译出版社，2004。

与群体化“惯习”之间寻求契合，符号资本最终转化为文化资本，使她懂得了应如何与人打交道。班级文化场域充满着生机与力量，场域内部形成的良好人际关系、和谐包容的班级文化氛围时刻影响着刘老师，这种尊重、民主、平等的场域也与刘老师日后班主任的再次塑造具有相似性。受政策和就业影响，刘老师最终选择了英语专业，大学四年的专业学习和生活也开阔了刘老师的眼界，这种选择为刘老师日后工作的文化资本竞争打下了坚实基础。

刘老师进入中学工作后，场域内部中教师群体之间的关系是社会资本运作下最为重要的关系。拥有多年教学经验的老师掌握着文化资本，学校中团结、合作、温暖的运作模式使学校场域中有良好的文化资本传递渠道，也使刘老师在不断进步。在刘老师的职业生涯中，可以说遇到了许多重要的引路人，无论是辛老师的专业指导、金老师的生活关照，还是王老师的倾囊相助都不断影响着刘老师，促使刘老师不断获取文化资本、提升专业技能。

刘老师读书期间积累的所见所闻成为一种文化资本，成为她教学中的重要素材，为学生开拓了新的世界。“抖音”的兴起也推动着她发挥个人优势，带领学生开启“生态文化”乡土课堂。但教师与学生之间不仅是师生关系，与学生交往的过程正是不断被接纳、不断被认可的过程，学生的回应是一种无形的激励。埃德加·莫兰指出，“任何真正人类的发展意味着个体的自主性、对共同体的参与和对人类的归属感这三者联合的发展”[1]，刘老师在融入学生群体的过程中不断获得自我认同，学生的积极反馈赋予了刘老师旅游新的意义，从旅游到教学，刘老师的行为、观念主动向场域内学生群体靠拢。

马斯洛强调，“一个人在其他基本需要都得到满足以后，自我实现的需要便开始突出”[2]。自我实现，可以使一个人的潜力得到更好的发挥，从

1　埃德加·莫兰：《复杂性理论与教育问题》，陈一壮译，北京大学出版社，2004。

2　马斯洛：《马斯洛谈自我超越》，石磊编译，天津社会科学院出版社，2014。

而成为自己所期盼的独立个体。从业以来，从最开始的生理与安全需求，到在学生群体中得到归属与爱的需求，刘老师一步一个脚印，心态不断发生变化，如今她更期待能够呈现自我实现的状态。从一线岗位到教育科学研究中心工作，虽然岗位发生了改变，但刘老师对教育事业的初心未变，教育仍在继续……

学生点评

点评人：于晨雨

教育是一棵树摇动另一棵树，一朵云推动另一朵云。何为师者？读完这篇文章，我的眼前浮现出一位丰富多彩的刘芳老师的形象，刘芳老师的故事给予了我新的启迪，让我对教师这一职业有了全新的理解。

刘芳老师从幼年起就对文学作品有着极大的兴趣，优秀文学作品滋养着她的童年，为她的人生奠定了坚实的基础。虽然刘芳老师从小在延庆长大，延庆的条件与城区相差甚远，但是因为刘芳老师的父母十分重视教育，重视她的成长，给她创造了较为优厚的条件，这使得刘芳老师在前进的道路上不断进取，获得了一个又一个闪耀的成绩。

从刘芳老师身上我们看到了一个满怀热情的少年模样，她的中学时代，在一个充满活力与幸福的班集体中长大，有温度的教育给予了她爱的滋养，班主任的信任，同学们的互相帮助都给了她无限的力量。在这个有着极强凝聚力的班集体中，每一位学生都得到了充分的发展，为他们以后的学习和生活积累了长足的力量。美好的中学生涯让人怀恋，这可能也为她今后步入教育事业埋下了伏笔。好的班主任可以影响人的一生，刘芳老师的初中班主任给了她教育的滋养，这位老师深深地影响了她，同时也为她在教育事业上的发展启迪了思想。

刘芳老师选择了教师这条道路，这是心之所向，也是教育之所向。刘芳老师注定会在自己的教育生涯中书写浓墨重彩的一笔，事实也的确如此。

刘老师富有个性的教学方式深深地吸引了我，她的课堂注定充满了奇幻的冒险，读万卷书，行万里路。在西藏、在成都、在云南，甚至在韩国、在泰国，这些不同的旅行经历都成了刘老师的课堂上的素材，将课堂融入生活，将生活变成课堂。学生们一颗颗年轻的心就这样被激励起来，如此异彩纷呈的教育，不禁让我们欢欣雀跃。

文章洋洋洒洒几千字，读完后我不禁感慨，原来教师事业可以如此丰富，如此精彩。这对我们每一位读者来说都是一篇值得反复回味的文章，在看似漫不经心的文字中，却渗透了教育的本质追求，为了学生幸福成长！在教育事业中，有无数像刘芳老师这样的教师，用自己一颗赤诚的心，为祖国的教育事业默默付出。这是教师的大爱之心，是师者的仁爱之心。我想，对于攻读教育硕士的我们来说，应该努力将专业知识与教学实践相结合，学习优秀教师的教学经验，学习他们的大爱之心，永葆教育初心，为社会主义现代化教育事业贡献自己的一份力量！

带山里的孩子“宏志”

北京市延庆区第二中学
田成清

一、家人指引使我走上教育之路

1967年，我出生在河北省赤城县的一户普通家庭中，我有三个哥哥和一个弟弟。作为家里唯一的女孩子，我自然是受到了无微不至的关怀和宠爱。那时，我的三个哥哥响应国家号召，到农村去插队，1977年恢复高考时，他们已经从农村回到了县城，并且有了工作。父亲特别希望我们几个孩子中有一个能考上大学，或是中专也行，所以父亲把全部希望寄托在了我的身上。而我也没有辜负父亲的期望，一直都乐学、好学，热爱阅读，善于思考，学习成绩在学校中名列前茅。我记得小时候我上课总是抢着发言，把手举得高高的，老师总是向我投来赞许的目光。

1982年，我初中毕业参加了中考。总成绩在赤城县排第14名，但我没有去读高中，而是选择了当时的中等师范学校，这源于我父亲的指引，我父亲认为教书育人是很光荣的事。

二、三年师范学习使我站上光荣讲台

刚开始在师范学校学习时，我是完全没办法适应的。我家在赤城，学校在张北，那时交通条件很有限，我回家要坐整整一天的车，而且车票还不好买，也正因如此，我异常想家。那一天车程的距离，也似乎让我和我的家隔了整个世界。

对环境的不适应和对家的思念让我崩溃，我哭着给家里连发三封电报，说我不想在这里上学了，也不想当老师了。

但这次父亲没有依我。他来看了我，先安慰了我很久，然后掏出了一封信。信是我父亲的一位多年从事教育工作的朋友写给我的。父亲的这位朋友是我很仰慕的人，他写信为我加油打气。作为一个学生，这位长辈的话在我心中是很有分量的，我最终擦掉眼泪点点头，留在了学校。也正是从那一刻起，我开始独立成长。

三年的师范生活，让我从一个柔弱的小丫头成长为有一定文化底蕴，有责任、有担当的青年。我的班主任王老师是一位多才多艺、文化底蕴深厚、语言幽默风趣的语文老师。他的每一堂课都很精彩。他带我们领略《诗经》的隽永与高雅，探讨屈原的伟大与崇高；品味唐诗宋词，研究《红楼梦》《水浒传》。师范生活让我的学习有了方向，更给了我适应坝上生活的动力和勇气，也让我坚定了信念——我要当像王老师这样的老师，用扎实的学识、幽默的语言、温和的态度激发每一个孩子的潜能，让我的每一个学生都热爱语文，热爱读书，热爱学习。

课上，我沉醉于老师幽默的讲授，课下，我读书、写诗、练书法、写日记。师范的学生生活是丰富多彩的，各种兴趣小组和社团为师范生的成长搭建了平台。我的散文《扫帚苗》《温泉旅行记》《排练》等多篇作品发表在师范校刊《新苗》上，这让我的写作热情更加一发不可收拾，自告奋勇担任校刊的编辑。假期，我也如饥似渴地阅读了《红楼梦》《钢铁是怎样炼成的》《牛虻》《青春之歌》《家》《春》《秋》等名著。我在不断增强自己文化底蕴的同时，也渐渐领悟了当一名人民教师的意义。就这样，我努力地学习，三年后顺利从师范学校毕业。

1985年7月15日，我成为赤城一中高一的一名语文教师。作为刚入职的年轻教师，我热血沸腾，感到无上光荣。积淀了三年，磨砺了三年，准备了三年，我激情澎湃，自信满满。可当我真正站在讲台上时，却有一些忐忑。身份的变化让我有些措手不及，从教室离开后，我回到办公室，轻轻推开门，一股学术气息扑面而来，屋里坐着一个个面容被高耸的“书山”遮挡住的老教师，这其中还有我曾经的语文老师。很难想象我们现在竟然以这样的身份再次相见，这让我更加忐忑了，习惯性地以一个学生的姿态恭敬地问好，甚至进办公室都想喊“报告”。

我曾经的语文老师也姓王，他看出了我的拘谨与不安，有一天下班，把我叫到他的身边，透过厚厚的镜片，我分明看到了父亲般慈爱的眼神。“小田，刚参加工作还有些不习惯吧？教高中可能压力也大些，你不要紧张，从明天开始你多听听其他老师的课，有困难找我。”在王老师的鼓励和帮助下，我才真正实现了从学生向老师身份的转变，也摆脱了心理困窘。

我人生中的两位王老师就是我教育生涯的领路人。我是幸运的，我遇到了这样的好老师，更坚定了做一名优秀教师的信念。

高一时，每周班会课上的学生日记交流成了所有学生最渴望的事情，我也乐此不疲地把学生的优秀作品刻在蜡纸上，用手推油印机印出来，至今我还保留着每一届学生的优秀日记选、优秀作文小报，虽然纸已泛黄，但墨香尚存。高二时，我用每日一首诗把学生带入了美的情境。那时上课没有电脑，没有网络，每天课前5分钟一首唐诗大大地激发了学生们学习语文的热情。从高一到高三，一届又一届，学生们以优异的高考成绩考上理想的大学，而我也成长为一名优秀的高中语文教师。2016年，1992届毕业生聚会时，学生们都感慨高中学到的上百首唐诗不仅开阔了他们语文学习的视野，更重要的是培养了他们的审美情趣，对他们日后学业进修有很大的推动作用。如今他们的职业虽然有所不同，但相同的是对高中语文学习经历的无限感慨与留恋。让我惊讶的是，他们竟还能像高中时那样流畅地背诵李白的《梦游天姥吟留别》，苏轼的《念奴娇·赤壁怀古》等课文。

2002年，我下定决心去家乡外面看看，换一个舞台继续为祖国的教育事业做贡献。而2002年，我的女儿也要上初中了，所以我带着女儿毅然决然来到北京市延庆县。那一年，我35岁。

三、宏志情怀让我坚定教育理想

2004年，我荣幸地被学校委任为京郊首个宏志班的班主任，同时也强烈地感受到高度的使命感和责任感。这些宏志生中有很多是单亲家庭的孩子，还有无父无母，靠年迈的爷爷奶奶抚养的孤儿。培养这些孩子和谐成长，健康成才，无论是从教育教学，还是班级管理方面，我都必须根据这些学生的实际状况制订培养计划，采取相应的措施，对他们进行有针对性的教育。

2004年8月上旬，我拿到宏志生的档案，认真地熟悉每一个孩子的情况，我将所有孩子的档案熟记于心。学生报到时，我用阳光般的笑脸迎接每一个孩子，并亲切地叫出每个孩子的名字，我深情地对每一个孩子说:“这是我们的宏志之家，我就是你们的宏志妈妈!”孩子们感受到的不仅是惊讶，更多的是亲切。这首先奠定了爱的基础，由此我们师生共同培植这份真挚的情感。

用赏识带动学生共管班级。这些家庭贫困的农村学子，他们家庭背景单一，纯朴老实，但经历相对较少。我该如何成为一名学生喜爱的好班主任？我想，敬业和勤奋是远远不够的，我一定要成为学生人生路上放心的依靠和陪伴，让每一名学生都能享受青春的快乐，体验生命成长的幸福，实现从成人到成才再到成功的梦想。

要让宏志生和谐成长，健康成才，必须营造和谐健康的班级氛围，建立健全班级管理制度是班级建设的关键环节。

我建立值周“班主任”制，给学生搭建自主发展、张扬个性的平台。每周有两名学生负责本周的值周工作，包括主持班会、检查卫生、记录出勤、记录班级日志等。值周同学精心组织班会，他们查资料，搞设计，缜密地组织班会，在我的指导下，“我爱我家”“理想、情感、人生”等精彩的主题班会把和谐、快乐、健康、温馨带给了大家。

“班主任”制的执行过程可谓充满艰辛。宏志生的特点是他们的家长多是农民，勤劳朴实，缺少教育方法，但对孩子的期望值很高，希望孩子能出人头地。而在培养孩子良好习惯、指导孩子有效学习上无方法可言。毫不夸张地说，开学的第一个月，卫生纸、包装袋、矿泉水瓶、瓜子皮、废纸片等到处都是。开班会时，我让学生发言，说说班级卫生存在哪些问题，学生们七嘴八舌，既说出了现象，又讨论出了解决的办法——设置监督委员，一个小组值周，其他小组监督，并共同拟定班级环境愿景：我们是班级的主人——班荣我荣，班衰我耻，一室不扫，何以扫天下！教室是我家，爱护靠大家！自主管理见温馨，举手之劳见美德，热爱读书见修养，乐观学习享幸福。

我设置了班主任信箱，为处于“雨季”的生命撑起一把心灵的保护伞，给学生们提供倾诉的空间。我收到的不仅是学生真诚的问候，更是心灵的表白：“田老师，感谢您过去的一年对我的包容和鼓励！让我在学习上特有信心。我喜欢您，喜欢您的课堂，喜欢我们这个班。做您的学生，我好快乐！”

班主任、语文老师、大朋友、老田妈妈，都是学生给我的“职称”，学生和我没有距离，他们充满阳光地朝着健康的方向奔跑。

用写作记录高中美好时光。宏志班的学生每天早晨7点多进班，一星期上39节课，晚上还要完成各科作业，午休时间也得写作业，有时只能在课桌上小憩几分钟。大部分同学每天都要学到深夜12点，甚至1点多。一天下来，功课做了不少，但无暇关注国家大事，没时间看电视，没时间读报纸，没时间回味生活，没机会收获感动。

我为此忧虑，失眠。我——班主任，语文老师，学生最亲密的朋友，我虽不能改变学生的作息时间，但我可以凭我的智慧、能力、情感、责任让我的学生清点生活，回味感动，思考人生，品味温馨，享受幸福，拥有健康阳光的心态！

班会课，我在黑板上用心灵书写“真情回放，诗情画意”。我用智慧坦荡诠释其内涵。京郊首届宏志班的谢靖同学写道：“今日班会课，田老师用简单的‘真情回放，诗情画意’揭示生活的真谛，阐释生活的乐趣，重新调动起我的积极性。我被田老师优美真切的语言拥抱着，感到周围的空气都是清新的，仿佛世界被春雨冲洗过一般，一切都是新的，脱胎换骨的我用清灵的内心尽情感受生活的美好，沐浴温暖的我浑身充满了力量，擦亮眼睛的我发现了生活的魅力！”

语文学习要能静得下心阅读，落得下笔写作。对于学生来说，写作写得好，不仅是顺应高考的需求，更是对自己生活的一种记录。一方面高考语文作文占60分，如果想语文成绩优异，则一定要有较好的写作水平，一定要在写作上下功夫。另一方面，写作是记录自己生活和自己想法的一种直接有效的方式。在语文教学过程中，在和学生们朝夕相伴的日子里，我经常给学生们写作的机会，让学生们锻炼写作能力。我经常鼓励学生们去观察生活，比如每个季节都有不同的风光，春天的嫩绿与蓬勃生机、夏天的碧绿与炎炎烈日、秋天的金黄与缤纷落叶、冬天的雪白与安静静谧，这些都是生活中美好的风景。如果写作者对生活没有细致入微的观察，如果写作者不热爱生活的话，则不会写出生动的文章。所以我先带着学生们去观察生活，去寻找生活中的美丽之处，再教他们怎么样将这些美丽的事物体现在笔下。

不仅如此，为了让学生们写好议论文，我还带领他们分析时事新闻，培养他们深层次、多角度的思考方式。用主流价值观引导学生，使正处于价值观形成期的高中生对社会有正确的认识。通过板报、手抄报、橱窗等形式营造浓郁的班级文化氛围，如“中国结与中国节日”“文化名人知多少”“屈原的伟大与浪漫”“陶潜之文人气节”“苏轼的豪放与旷达”等，让学生不经意撞见知识，受到文化的浸润。我自己也在不断学习中进步，工作能力、社会阅历以及个人魅力都在不断攀升，同时使学生不拘泥于书本知识，帮助他们开阔视野，跟上时代潮流。我和学生们一起关注《中国诗词大会》《中国汉字听写大会》《大国工匠》《一带一路》等节目，观的是大国精神，悟的是人间真情，写的是最美汉字，传播的是优秀文化。我引领学生关注国家大事，学生不仅开阔了视野，积累了知识，更提升了社会责任感和民族自豪感。

对于作文写得好的一些同学和有一些独到的写作技巧的同学，我会在班里朗读他们的作文，并且让他们介绍一些自己写作文的技巧与经验方法。在我们的不懈努力下，学生们的写作水平不断提高，写作兴趣变得越来越浓厚，班中的写作风气也越来越好。很多已经毕业的宏志班的学生给我写了文章，让我很受感动，他们这样写道："三年中，您用爱温暖着我们，让我们慢慢变成温暖的人，对世界充满感恩；您用智慧指引着我们，让我们拥有坚强乐观的生活态度，对生活充满希望；您用优秀的品格感染我们，让我们学会坚韧勇敢地面对挫折，对未来充满期许。""三年的高中时光是短暂的，但是在十六七岁的年纪，和您相遇，有幸成为您的学生、聆听您的教诲，我是幸运的，而且这份情谊会随着岁月积淀，越来越深沉。"

这些带有温度的文字，正是出自我曾经的学生笔下。而我的初衷则正是让他们能够写出有情感、有温度、有生活的作文，我因此感到无比欣慰。

作为语文老师，要充分重视阅读的教育元素。阅读过程中一种美妙的修养润物无声地渗入生命，让学生气质高雅、与众不同。

寒暑假，我会给学生布置不同的阅读书目，有人读唐诗宋词，有人走进红楼，有人和鲁迅一同《呐喊》《彷徨》，有人徜徉在《平凡的世界》中。

我乐此不疲地接收并回复同学们交来的读书笔记。他们在随笔中这样写道："不论《呐喊》还是《平凡的世界》，它们所蕴含的都是一种智慧，最让我惊讶的不仅是我与老师有3万多字的读书交流，我还学会了思考人生，学会了理性与包容，提高了精神境界。”

为了留住学生们笔下的真情实感，为了让学生们突然的灵光一闪成为永恒，我为每一届学生编辑了他们的作品集，其中很多的工作都是由同学们共同参与的，作品集凝聚了全班同学的智慧，最终成为全班同学共同的回忆。

我始终相信，一个人写作出来的作品，应当是他内心的真实写照，写作应当是生活的感悟，是生活的真实记录，应当充满感情与温度。正是秉承这样的写作理念，我把自己与宏志班所结下的不解之缘，悉数记录在我的作品中。这是我作为一个老师的坚守，是我作为一个老师践行教师理想的见证，同时，作品中也记录了我所带过的学生们的那些质朴的话语和纯真的笑脸。当我再次回望我曾经教过的宏志班，回望我追寻自己人生理想和职业理想的这一路，我再次想起了那些支持我的孩子，想起了他们的鼓励，他们的话语，他们和我之间发生的故事。每到这个时候，我就对过去充满了感激。我感谢曾与我共同学习、共同生活过的孩子们，在我传授给他们知识和道理的同时，他们也给我带来了很多的收获；我也很感谢笔耕不辍的自己，把那些美好的生活、那些难忘的日子都记录下来，并赋予了这些文字以灵魂，让我能够在翻开自己的作品时，看到曾经那段精彩的时光。

我要特别感谢给我启迪和帮助的原延庆二中副校长，现延庆五中校长焦文杰，是他启发我要用文字记录感动。从我2005年12月14日发表的第一篇博文《班主任的话——宏志情怀》开始，便一发不可收拾，博文中有我与宏志生的真情对话——《心灵对话——写给十八岁的宏志生》；有教育的艰辛，我的呼唤，我的呐喊——《多一把衡量的尺子》《让生命张扬个性》《让鲜活的生命自信阳光》；有我的困惑和反思——《做一个清醒的教育者》《由张瑞敏砸冰箱想到的》；还有写给已经毕业的宏志生的对高中的回忆——《金榜题名》《再见，2010级宏志班》《金色的回忆》。

一个人一旦选择了教师这个职业，就同时选择了高尚。教师除了要有渊博的学识，还要有伟大的人格魅力，因为教师是学生可亲可敬可模仿的美的对象。学生的成长和幸福，正是用高尚的德行和心灵的碰撞浸润、浇灌的。

用趣味丰富语文学习经历。在语文学习的教学中，我为了更好地教学，收集各种资料，音频、视频、图片。语文终究来源于现实生活，一切都是为了让学生们学懂语文，对语文充满兴趣。我特别希望通过各种渠道，让学生更好地领略多彩的世界。

我把书本上的课文编成话剧给学生排练，让课文以另一种形式呈现，也让学生有了更多的参与感。擅长表演、有表现欲望的同学，可以自己选择适合的角色；擅长统筹规划、掌握大局的同学就负责导演，调控整个话剧的走向；擅长写作的同学则负责编纂剧本，把课文改写得更具表现力；而声音比较优美、具有播音天赋的同学则负责旁白工作；其他同学也根据自己的天赋和兴趣，做一些服装道具方面的工作。这样班级中的每一个同学都能在一台话剧的排练中获得参与感，都能有所收获，有所感悟。

在我的推动下，学校多次举办话剧艺术节，很多本来出现在课本中的古代人物形象，由学生自己演绎得活灵活现，真正走到了我们面前。

14年的宏志教育，是我教育生命中最重要的历程，使我对教育有了更深入的思考。心怀感恩，做有温度的教育是我的人生信条。我所带的宏志班高考成绩优异，学生收获的不仅是大学录取通知书，更是健康发展的鉴定书。我和同事们的付出，让更多的农村学生圆了大学甚至重点大学的梦想，上千名优秀毕业生遍及祖国大江南北，在各自的岗位上不忘宏志精神。

用阅读激活学生智慧潜能。作为一名语文教师，我能够不断在实现自己人生理想的道路上取得新成就，我能够带领一届又一届的学生在高考中取得好成绩，能够让一届又一届的学生在高中阶段成为更好的自己，都离不开我大量的阅读和良好的、常态化的阅读习惯。阅读是让这些农村学生开阔视野的最好途径。我会向每一届学生分享我喜欢的书籍，也会给他们一些阅读建议。我认为语文的学习是绝不能和阅读分开的，但是在我接手了宏志班之后，我发现很多学生并没有养成良好的阅读习惯和拥有常态化的阅读习惯。因此，我在教学的过程中，在与学生共同学习生活的过程中，非常重视学生们的阅读。我会在每个星期都利用一节语文课带领学生们到学校的阅读室中开展阅读活动来培养学生们的阅读兴趣。也会和学生们一起聊《红楼梦》的阅读感想，或对鲁迅的作品进行一些分析。尽管学生们对于一些比较富有意味、富有深度的作品，理解得还不是很到位，不能完全了解作者当初所处的历史背景和当时的内心情感，但我始终坚信，学生时期的大量阅读积累一定会在未来发挥作用。

在我的带领和指引下，我所带班级的学生们渐渐爱上了阅读。作为与孩子们朝夕相处的班主任，我只能陪伴他们的高中时光，并在这段时间给他们学习上和生活上的指引。但是书籍则可以成为他们永恒的老师，书中那些在日常生活中不曾见到的风景和那些凝聚了无数前人智慧的语句，都让人流连忘返，都让阅读者拥有更多的感悟与体验。

四、多重身份让我拥有丰富体验

2008年，我被市教委聘为“北京市中小学网上家长学校主讲嘉宾”，网校肯定我的班主任工作，开设了“田成清老师的宏志情怀”专题，发表了我的教育教学论文50多篇。

2010年，第十九届全国班集体建设研讨会召开，我凭借《宏志情怀》班主任工作纪实荣获以李镇西老师的名字命名的全国班主任心灵写诗金笔奖。在此，我要特别感谢教育科学研究中心德育研训处的辛计伏老师——我教育生命中的贵人，一个对班主任培养工作永远都那么坚定执着的人，一个延庆班主任队伍建设的幕后英雄。她对我锲而不舍地指导、鼓励：“田老师，你一定要把你40万字的《宏志情怀》整理出来，即使你不能亲自到现场，你也一定不要放弃。你一定要把这么宝贵的文字整理出来，我带着你的作品去参加全国的评选，你行，你一定行！”是辛计伏老师的坚持与肯定给了我动力。于是，我和辛老师经过几个通宵的奋战，终于把自己发在“教育在线博客”上的300多篇教育随笔整理出来。当我接到远在辽宁盘锦的辛老师的电话时，辛老师激动地说：“田老师，全国班主任心灵写诗金笔奖，您评上了！”那一刻我们都热泪盈眶。

在李镇西从教30年教育思想研讨会上，与李镇西老师近距离接触，面对面交流，李镇西老师启发我，做班主任，就要做有思想的班主任，并引导我进行自己的班主任生涯规划。

2018年，北京市委组织部、宣传部和北京电视台联合制作了大型党建系列电视片《为你而歌》，其中的《妫川的宏志妈妈》讲的就是我的教育故事。节目在7月1日播出后，我收到来自甘肃、河北等地的观众来信，我热心为他们解答教育孩子的问题，展现了基层优秀党员教师的美好形象。

在不断地追求更好的自我，不断地追寻自己人生理想的道路上，我始终在努力地为国家和社会做贡献。也正因为如此，我获得了一些教师以外的身份，也拥有了丰富多彩的经历和更多的人生经验与感悟。我能以更多样的方式为社会、为国家贡献出自己的力量，在社会中的一些领域产生正向积极的影响，让我感到非常光荣。

五、心中理想使我坚定走在路上

从18岁第一次怀着激动而又忐忑的心情站上讲台，到今年已经是我奋斗在教育岗位上的第37个年头了。正是因为一份热爱，让我三十几年来一直坚定地站在教育岗位上，也正是因为学生们带给我的那些温暖和我与学生们之间的双向付出，让我对教育事业更加难以割舍。我18岁的时候，我在给高中的学生上课，在我50多岁的时候，我还在给高中的学生上课。可无论我的年龄怎么变化，在站上讲台的那一刻，在面对着一群朝气蓬勃的学生的那一刻，我永远都是和他们在一起的。

感谢遇到的伙伴和可爱的孩子们，也感谢努力的自己，因为我的热爱，因为我对身边的每一个伙伴、每一个孩子付出的情感与教育的温度，让我的人生道路上多了很多美好的风景与绚烂的回忆。作为一名教师，我正是用自己的热情，用自己的一颗赤诚之心，和学生互相鼓励，给彼此以力量，在彼此的人生中留下难忘的一笔。在未来，我会继续坚定理想信念，朝着自己的人生理想不断奋进。我会继续为教育事业贡献出自己的力量，我始终都不会忘记自己的身份——一名光荣的人民教师。这个身份也会伴随我的一生。

理论点评

点评人：康晓伟教授

个体对教师职业的认同是个体对教师职业的认识、情感、期望及对自身职业能力的综合认识和感知，包含如何成为教师，教师应如何行动以及如何看待教师工作等要素，这些是教师专业发展的内在动力[1]。它具有过程性、经验性，而个体对教师职业的认同程度，会在很大程度上影响个体对教师职业的选择，其中个体自身因素、家庭因素、社会因素和学校因素是影响教师职业认同的四个关键维度。在田老师的成长历程中，对教师职业的认同不断深化。在个体自身因素方面，田老师自小热爱语文学科，语文成绩优异带给她极大的满足感，这成为田老师选择语文专业的原因；三年的师范学习过程中，田老师广泛阅读，增加文化底蕴，为后期成为合格的人民教师打下了坚实基础，并且在学习专业知识的过程中更加坚定了当语文教师的信念。在家庭因素方面，父亲引导着田老师选择了师范学校，使她对未来所要从事的职业有了初步规划，在求学的过程中，父亲及其长辈的极力支持，给予了田老师精神力量，支撑着她在师范道路上前进。在社会因素方面，一般来说，教师的专业价值可以从社会外部和教育内部两方面来衡量、体现[2]。田老师选择教师职业除了家人的指引外，更多的是看到了教师的外在价值，这种外在价值表现在社会对教师物质和精神方面的反馈，除教师职业带来的外部优势，田

1 张宪冰、杨桐桐、张蓓蓓：《积极心理学视角下教师职业认同的提升策略》，《教育理论与实践》2017年第26期，24—26。

2 黄友初：《职前教师的职业认同与影响因素调查研究》，《上海师范大学学报（哲学社会科学版）》2021年第4期，99—106。

老师及其家人在内心也很认同教师职业，这也是田老师对教师职业初步的认同。在学校因素方面，主要分为职前与职后两部分，师范院校中的校园氛围，即教师支持、同伴支持、自主机会对师范生职业认同有重要影响，田老师的导师作为其专业发展中的重要他人，不仅在学识上，也在人格、情感上潜移默化地坚定了田老师的职业信念，与同伴合作交流，积极参与学校提供的专业成长机会，为田老师未来从事教师职业夯实了专业基础，使其渐渐明白了教师的内在价值，进一步增强了其职业认同感。入职后，基于积极心理学视角，田老师的职业认同可以概括为具有积极合理的职业定位、自主创造的专业智慧、幸福的职业体验及科学清晰的发展愿景。田老师立志做一名优秀高中语文教师，在任职生涯中，经常与学生通过日记进行交流，摘录学生优秀的作品集，为学生的发展保驾护航，做到了师生间的教学相长。积极的师生关系，自身的教学成就，为社会培养了大量人才，田老师的自我效能得以发挥，增强了其职业自信。田老师正确认识教师角色，在任职不同阶段基于学校学情制定了科学合理的职业期望和明确的发展方向，如刚入职期望做一名优秀教师并为之努力，后期带领宏志班学生，期望帮助他们实现人生理想，践行了爱与责任是师德的核心与灵魂这一理念。

教师职业认同是促进其专业发展的内在动力。田老师在职业认同的基础上，重视自己的专业成长、专业发展，不忘初心，坚定前行，并逐渐在教师职业领域产生影响力，以自己的专业素养回报教育事业，讲好自己的故事、百姓的故事、中国的故事，发挥了党员的先锋模范作用，教师的带头作用。田老师的职业认同几乎贯穿她的一生，她不仅实现了职业理想，更为学生的发展注入了源源不断的动力。田老师在职业生涯中真正做到了有理想信念、有道德情操、有扎实学识、有仁爱之心，是当之无愧的“四有”好老师，她运用自己的教学机智，做温暖的教育，在拓宽学生视野的同时将课程思政巧妙地融入教学中，发挥了教师的榜样作用，言传身教，真正做到了为党为国家培育时代新人，这为广大教师提供了实践范例。田老师在教育之路上展现的教师职业认同，有利于激发职业理想，引发职业行为，成为优秀的教师；有利于促进教师专业发展，主动完善自身修养，有利于克服困难，抵抗消极心理，成就长久的职业生涯[1]。因此，提高广大教师的职业认同水平，对于教师职业生涯意义深远，这需要个体、家庭、社会与学校形成合力。

学生点评

点评人：李倩

无论是做语文老师，还是当班主任，教师本身的人格魅力都是必不可少的。语文老师要提升学生的语言能力，发展他们的思维能力，学会鉴赏和创造美，传承和理解文化，并通过学科核心素养的培养，立德树人，为人的终身学习与发展奠定基础。班主任则是学生成长道路上的人生导师，要帮助同学们树立正确的价值观，形成积极的人生态度。所以，教师自身若是既无文化底蕴，又缺少才华，生命能量也不够积极，还不能终身学习的话，又怎么能成为学生的人生导师呢？我想，正是因为田老师文化底蕴丰厚，才华横溢，又能做到终身学习，所以她能带山里的孩子“宏志”，而这些品质是我们未来即将成为教师的人尤应注重培养的。田老师不仅具有极大的人格魅力，而且极具教学和教育智慧，如果说人格魅力难以模仿，那么她的教学方法、她注重赏识和用心的教育智慧，则是可以努力学习的。

田老师基于自己的阅读积累，也让学生们爱上了阅读，激发出了语文学习兴趣，培养出良好的阅读习惯。于是，学生就有了与人类积累的

1 蒲阳:《教师职业：认同才能做得更好——教师职业认同的意义与现状》,《人民教育》2018年第8期，12—16。

广博智慧对话的机会，也就能渐渐实现自主发展和终身发展。田老师还通过展示自己各项才华来团结学生，让学生也培养出自己的兴趣爱好，努力实现自身的全面发展。

可以说田老师自身已经非常优秀了，但是她在从教生涯中坚持阅读与写作，坚持终身学习，与时俱进，更新知识系统，带给学生更科学、更先进的知识。田老师积极参与教研活动，发表教学论文，为区班主任队伍建设做培训讲座，作为党员，积极传递正能量和时代精神，为国家和社会做贡献。她在这些丰富多彩的经历中，不断思考，增长见识，这些经历又反过来滋养她的教育事业。

作为语文老师，田老师一直坚持培养学生的读写能力，用课堂时间带领学生到阅读室自行阅读，一起聊阅读感想，一起分析作品，在班级建立图书馆，用各种方法培养学生的阅读兴趣和习惯，并且与写作相结合，使学生养成了阅读和书写心灵智慧的习惯，这才是受益终身的品质。

作为班主任，田老师在管理班级中最注重“赏识”，她善于发现学生的闪光点，鼓励学生，激发他们自主成长的内驱力。

田老师最让我佩服的就是她对学生那无比真挚的心，她是真的眼中有学生，心中总在为学生考虑。她不仅仅是敬业和勤奋，而且真的希望自己能成为学生人生路上放心的依靠和陪伴者，希望学生们能享受青春的快乐和成长的幸福，实现从成人到成才再到成功的梦想。

从田老师的教育经历中，我们能看到她对教育、对学生的热爱。有时候，我会觉得自己不适合做一名教师。我好像没有田老师那么有文化底蕴，也不是多才多艺的人，我缺乏竞争意识，组织管理能力也较弱，最主要的是我不够积极主动，往往是被安排做什么，便做什么。但是有时候又觉得自己是适合做老师的，因为我能从更多的角度去理解他人，而且比较有耐心。正是高中时遇到了一个很好的班主任，我才更努力学习，也才有机会上更好的大学，那时我便觉得，能遇上一个好老师，是一生的幸运。我希望自己也能成为田老师这样能帮助年轻人走出迷茫的引路人，虽然我目前还有很多理论知识和实践能力需要学习，但是永远要对自己和未来的教育生涯充满信心。非曰能之，愿学焉，希望终身学习能使我们快乐！

教育的温度

北京市延庆区第二小学
杨清梅

一、如愿以偿考师范

我生长在一个普通得不能再普通的农村家庭，父母都是面朝黄土背朝天的最平凡的农民，文化水平都不高，不懂得什么教育理念和教育方法，讲不出精致华美的大道理，从来不会在我学习上指手画脚，更不会自以为是地说：“你懂什么，听我们的！”

从我上学的第一天起，就不记得父母给我讲过什么题，说过什么大道理，提过什么要求，讨论过什么深刻的问题。他们关心得更多的是生计。

从小到大，我都是“野蛮生长”的那一个。

在村子里，很多人对谁家的孩子成绩好不好特别关注，既推崇那些成绩很好的孩子，也免不了对成绩不好的孩子冷嘲热讽。通常，大人说起一个淘气的小孩时会有一个刻板的结论——他不是读书那块料。学校里有些老师，批评小孩时会说：“你就是榆木疙瘩刻两个眼儿！”

我是被村里人夸赞最多的那一个。上小学之前，我就经常把一条街上的小孩子集中起来，安排他们坐在小板凳上扮学生，我扮老师，拿着根筷子当教鞭，装模作样地给他们上课。街坊邻居们见了就说：“长大当老师吧！”那个时候我的理想就悄悄萌生了。

小学和初中的时候我成绩都比较好，可是我自己经常怀疑自己，因为我需要非常努力才行。我知道自己并不是一个天资过人的人，无论严寒酷暑，经常在家里人都休息了之后还在学习，虽然成绩始终不是班里最好的，但幸运的是，每逢大考我总能超常发挥。1986年中考，我以485分的高分（满分500分），被延庆师范学校录取。

有时候，我会觉得自己非常幸运，像一条学业上的“锦鲤”。我要感谢一个人，那就是胡老师。爸爸病逝后，妈妈扛起了这个家所有的重担，白天要出去劳作，晚上回到家还要绣花赚些外快贴补家用，弟妹小，得有人看护，妈妈竟然做出了一个让我惊掉下巴的决定——要我带弟妹，不上学了。我哪里肯服从，拼命地哭闹。这个消息传到我六年级班主任胡茂全老师的耳朵里，他来我家家访，劝母亲说：“您的女儿很优秀，她是读书的料，一定要珍惜。您没钱，我来供她读。”妈妈听老师都这样说了才勉强答应下来，对我说：“要上学就上出个样来。”这样我才有了上中学考师范的机会。从那时候开始，我更坚定了我的理想，我要做老师，做一个像胡老师一样的好老师。

爷爷知道我考上了师范的时候，眯着眼睛，扬起嘴角，骄傲而又满足地问：“考上师范了？”好像以后要当老师的是他而不是我。在得到我肯定的回答后，他的眼睛眯得更小了，扬起的嘴角已经不能够盖住残缺不全的牙齿了，呵呵的笑声响彻了整个小院。妈妈和乡亲们也都非常高兴，依然说着那句亘古不变的话：“这孩子是块读书的料。”

考上师范，我是幸运的。我的幸运在于左邻右舍的夸奖是有分量的鼓励，让我坚定了我心中的理想；母亲千难万难痛下决心让我继续读书，让我一直保持着高涨的学习热情；还有恩师的帮扶，让我有机会得到更好的教育。

二、师范生活慢慢忆

1986年暑假过后，我带上左邻右舍的羡慕，带上亲人的叮嘱和不舍，带上自己对未来的憧憬，跟一起考上师范的三个伙伴来到了师范学校，开始了人生中崭新的师范生活。那一年，我16岁。

当年延庆师范总共招收了80名应届毕业生，分成两个普师班。

三年师范的学习生活有两大特点，一是不以升学为目的，二是教学内容广泛、全面，注重教育和教学技能的培养。学校开设大量的课程，有文化课，如语文、数学、物理、化学、生物、历史、地理、政治、法律；有体育艺术类课程，如体育理论、体育技能、音乐、美术、书法；有教育理论与技能课程，如心理学、教育学、电教以及语文、数学教学法。没有文理之分，没有主副之分，每门课都要考试。技能方面强调“一专多能”、“三字一画”、普通话逐一过关。那个年代报考师范的都是尖子生，学校里可谓是藏龙卧虎，人才济济。

那时，许多同学每天早上依旧是铃声还没响就起床，匆匆洗漱完毕就去教室读书了。上课时专心致志听讲，下了课热烈讨论问题，平时做作业一丝不苟，除了吃饭、睡觉，其他时间几乎都在教室里学习。在这种学习氛围中，我倍感压力，但同时也很有动力，我每天和其他同学一起“对坐轩窗读书乐”，在书本的海洋里泛舟，在知识的蓝天中翱翔。就这样，不知不觉半个学期过去了，学校举行期中考试，我居然考了个全班第七名。三年下来，我的学习成绩在班上基本上排在第十名左右。

延庆师范有这样好的校风，肯定就有一批优秀的老师。敦厚儒雅的班主任马淑兰老师、倜傥潇洒的语文老师、缜密严谨的数学老师、睿智风趣的物理老师、亦庄亦谐的政治老师都给我留下了深刻印象。另外，其他老师也都风格各异、学识渊博，我们就在这样优秀的教师团队的引领下徜徉在知识的海洋中，一路乘风破浪，扬帆起航。

在这些老师中，对我的人生有着重大影响的当数语文老师王洪瑾。王老师有着深厚的文学功底，他对《红楼梦》有着较深的研究，是延庆很有名气的学者。他上课内容安排得当，一般的课文，他采取点拨式教学，以学生自学为主，鼓励学生自主创新。遇到他感兴趣的名家名篇，便重点剖析，讲课时旁征博引、神采飞扬，带领我们在美妙的语文世界里神游。我们常常听得如痴如醉，进入忘我的境界。然而王老师对我的影响不止于此，也在一定程度上影响了我的人生航向。第二学年开学后不久，我写的一篇作文《阿黑》从选材、构思到语言描述都受到了王老师的高度评价。他不仅在本班对我的作文大加赞赏，还把我的作文拿到同年级其他班当范文朗读，这大大激发了我语文学习的热情，我的语文成绩有了长足的进步。由此，毕业后我选择从事语文教学也就是顺理成章的事了。

在延庆师范学校，我最心仪的地方有两个，一个是阅览室，一个是琴房。

一年级时的一节试唱课上，音乐老师夸我音准极好，于是我便爱上了音乐，总想弹琴。可是普师班的琴太少，于是我就到幼师班、音乐班的琴房偷偷弹琴。一天，我正在全神贯注地练琴，从早上一直练到下午，中午饭都没吃，突然一个老大爷在门外严厉地责问，吓得我低头认错，趁他不注意赶快走了。老实了一段时间后，手又开始痒，便求幼师班的小师妹，让我利用早饭的空闲时间弹一会儿琴。可是我走时忘合上琴盖，害得她被老师训斥。尽管如此，我还是痴心不改，总往琴房跑。犹记得学校那一排窄小的琴房里，琴声是怎样由最初的断断续续到后来的娴熟流畅。火红的年代，火热的师范生活，我们这样一天天成长。后来实习的时候，每人都要选一门小科，我选择的是音乐，弹的是钢琴，得到“优+”的实习成绩。

阅览室是个安静的地方，有位老教师管理阅览室，她总是随和安详地向每个进来的学生微笑，像母亲一样望着读书的孩子，说话的声音像不经意间拂过的微风。我从没见过她对谁发脾气，只是有一次在发现杂志缺页少篇时，她愠怒了整整一天。阅览室不是很大，书的数量也不多，好书也有限，但是不管怎样，就是这些有限的书籍开阔了我的视野，丰富了我的精神生活。在这里，我看到了保尔的坚强，感受到了娜拉的反叛；我仿佛置身于三国风云，又恍惚来到水泊梁山；我为李自成的功败垂成而扼腕叹息，也为江姐黎明之前的悲壮而唏嘘感叹。校园阅览室——我的书籍城堡，我成长中的力量之源！

那些年，我们青春年少，但不年少无知。我们是屈指可数的好学生，报考师范，不仅仅是因为钟情于教师这个职业，还因为考取了师范就可以早点儿走上工作岗位，为父母减轻一点儿负担，早点儿成为家庭的支柱。

在师范学习、生活的几年里，我明白了“老师”二字的神圣，明白了老师担负的使命、承载的希望。“学为人师，行为世范”成了我们共同的标尺，也成了我们将要攀登的顶峰。我们的生命被贴上了同一个标签，我们有一个共同的名字：师范生！师范生活是一段被信仰洗礼过的生命历程，是一份用汗水浇铸成的青春记忆。

三、实习期间收获多

转眼到了实习期，实习内容是课堂教学，我和同窗好友杨彩云很幸运地被分配到延庆实验小学。我们的实习班级是四年级（1）班，班主任姓张，是延庆名师，语文教得极好，班主任工作也做得相当出色。

实习期间我主要有四个方面的收获。

第一，遇到了一位优秀的语文老师，她和蔼可亲的待人礼数、严谨认真的教学态度、恩威并施的教育风格为我树立了鲜明的良师形象，对我产生了潜移默化的影响。

第二，遇到了一群好学生。时光的聪明智慧、吕游的踏实沉稳、韩蔷的活泼可爱、哈沛凝的温柔体贴等都让我印象深刻。因为实验小学离我们学校很近，这些可爱的孩子经常在周末时跑到我们学校里玩耍，或者跟着我们春游，给我们的实习生活带来了无尽的欢乐！

第三，有幸听了一堂北京市特级教师的语文课，课堂上，老师激情四射，同学们热情高涨，课堂气氛异常活跃，绝大部分同学都能对当堂知识点完全消化，对于极少数接受较慢的学生，老师采取现场强化点拨的方式，不让一个学生带着问题下课。

第四，实习期间，我小学时的恩师正好在教学交流，听说我正在实习，还特意听了我一节语文课。虽然我这堂课上得拘束紧张，课堂效果并不是太好，老师还是给了我很高的评价。这大概就是为师者的教育智慧，是我终生需要学习的东西！

四、初为人师回村小

1989年7月，我却被分配到一所农村小学。这里有我的恩师胡老师，我每天都会走进他的语文课堂，模仿、创造，直到今天，我都记得胡老师课堂上的样子，个头儿本不高的他，一讲起课，立刻高大起来，飞扬起来，沸腾起来，燃烧起来，带领着他的学生们乐在其中。我立刻顿悟，许多东西瞬间被打开。闲暇之余，胡老师总是跟我聊语文，他说："语文教师，就是要让自己的学生爱上生活，并且让生活也认可他，爱上他。"教育的最高境界是灵魂的感召。我还年轻，我渴望上课，我一站到讲台上就能忘我，我觉得哪里的讲台都是我的大舞台，哪里的教室都是我的大城市。于是，工作半年我就承担了农村完小验收的公开课，为领导的一句"小姑娘是块教书的料"而欣喜若狂。

从此，我见了教研员就兴致勃勃地自我推荐，希望他们走进我的教室，去听我的语文课。率真和执着就像一把钥匙，被我这个乡村女教师握在手中，神奇地打开了一扇又一扇门。那时候上课没有电脑、课件，只有一部投影仪、一台录音机，我就在胶片上亲手画，同事领导都表扬我做得好。我的确很认真，很用心。1994年，我执教的《落花生》获得县级电教评优课一等奖。1995年，我被评为县级语文骨干教师。1998年，我参加北京市班主任基本功大赛，斩获编写教案和下水文两项一等奖。

如果时光可以倒流，我依然愿意到村小去，那是我教育人生最初的9年，也是我一生中最纯粹的9年，没有嘲笑，没有喧嚣，有的只是大地般最朴素的温情。

五、在城区小学：教学相长

在历经9年乡村学校的历练后，1998年，我来到了当初实习的实验二小，也就是现在的延庆二小。

调入这个学校的那天，我看到校门西侧墙上的题词：生活中的教育，美好生活的教育。我一下子爱上了这句话，它道出了教育的本真！我决定采取赏识教育，让每个孩子都能拥有幸福美好的人生。

我进行赏识教育的第一步是，写颁奖词。中央电视台“感动中国年度人物”评选活动，深受人们喜爱，感动我们的不仅是那真实的人与感人的故事，还有那浓浓深情、言简意赅的颁奖词。这件事给了我很大启发，若是对学生日常学习生活中的点滴进步及时给予肯定和表扬，一定比讲大道理效果好，说不定学生还会朝着表扬的方向发展。于是我将此做法搬到了我的教育教学中，开始给孩子写颁奖词。

为孩子们写颁奖词的想法在2009年开始萌芽，那时只是零星写一点，没有做系统安排和设想，随意性较大，真正形成一定规模是在2012年9月，从那时到现在，我都会以优美的语言抒写学生的闪亮之处，颁奖词的字数一般在200~300字，其中字数最多的一封达到1020字。所有颁奖词我都会呈现在彩色打印纸上并配以精心设计的插图。因为我是语文老师，所以我给自己提出了这样的要求：充分体现语文老师的特点和优势，每次的颁奖词绝不雷同，让孩子们在收获赞美的同时也能够得到文学上的熏陶。

每周班队会课的第一个环节就是给感动班级人物颁奖。在孩子们充满期待的目光中，我宣布本周获奖人物，声情并茂地诵读颁奖词，然后用双手把颁奖卡颁给学生，学生鞠躬双手接过，发表获奖感言。收到颁奖卡的孩子的喜悦之情溢于言表，其他孩子羡慕至极，纷纷啧啧赞叹。孩子们把获得的颁奖卡当作至高无上的荣耀，当作至宝珍藏起来。渐渐地，学生们当中开始盛行这样一种做法：互相竞争，看谁得到的颁奖卡多。

接下来，我跟大家分享一下我写给孩子们的颁奖词。

关于读书。“腹有诗书气自华”，这句话放在你身上最恰当不过，你是痴爱书籍的女孩，书给了你知识，书给了你灵气，书更给了你智慧，你是我们“书香班级”里最美的风景，我希望你的那股书卷气能在今后的日子里不断流淌。

解读：腹有诗书气自华，最是书香能致远。按照学校的要求，每学期我们都要为孩子推荐6本书，学生们虽然都能积极买书，但他们中大部分都将书束之高阁。爱看书的孩子凤毛麟角，我十分着急。当我发现杨玉惠子每天午饭后都能安静地阅读，而且在读书月读书征文活动中获得了一等奖时，我就把颁奖卡隆重地发给了她。接过颁奖卡，她激动得说不出话，下面的同学也都不约而同地把热烈的掌声送给了她。在她的影响下，班里能静下心来读书的人数也开始一路飙升。

关于跑步。每天要跑完全程，对于你超重的身体无疑是一个巨大的挑战，但是你跑出了坚持，跑出了意志。虽气喘如牛，你命令自己跟上；任大汗淋漓，你还是命令自己跟上。你激情澎湃，斗志昂扬，为了班级荣誉奏响了成功的乐章。

解读：我们班的小胖子多达15个，跑步就成了大难题，看吧，每天跑步的时候，掉队的、偷懒的大有人在，黎何阳就是其中一个。可能迫于学校检查的压力，有一天他竟然破天荒地跟着大家跑完了全程，我在跑步结束的时候，轻描淡写地表扬了他，没想到第二天他又坚持下来了，那汗出得让人看着都心疼，我加重了口头表扬。后来我发现这一周跑步他都没掉队，也没落圈。我不动声色地写好了颁奖词，在周一的班会课上，当着全班同学的面诵读起来，我读完后，教室里立刻响起了雷鸣般的掌声，那掌声经久不息。在我的鼓励下，每天的跑步他都在坚持着，跟班里的步调越来越一致。我知道，那是他对颁奖词的渴望，对班级荣誉的追求。

关于讲文明。监督岗工作真的很辛苦，不仅要率先做好，给其他人做榜样，还不能让其他人追跑打闹。然而你是那么尽职尽责，一丝不苟，你一直都站如松，出现追跑打闹的你立即制止，为我们赢得活力奖牌立下汗马功劳！

解读：我们班的文明监督岗采用的是轮流制，每人一周。我清楚地记得，张纪垚站岗的那一周，有一天一个同学兴冲冲地对我说："老师，老师，张纪垚被拍照了，赵主任说她的站姿特标准，而且也特别负责任。"我自然也没吝啬对她的表扬，她是双手颤抖着接过颁奖卡的，一个劲儿地说谢谢老师，谢谢老师。后来她还告诉我，她把颁奖卡放在床头柜的玻璃板下，每天睡觉之前都要看一眼。

颁奖词还有很多，有关于"光盘行动"的，有关于运动会的，还有关于环保的。这些颁奖词最大限度地温暖着每一个学生，让学生们感受到被尊重、被认同的快乐。学生们渴望老师充满信任的目光，期待老师充满信任的话语。作为老师，我也充分地信任他们，给他们搭建成长的舞台，给他们持续不断的激励，让他们飞起来。

我进行赏识教育的第二步是，我的活动课我做主。基于赏识教育的理念，相信每个孩子都有成功的希望，每个孩子都具备成功的潜能，让孩子自己来上德育活动课。

班干部会上，当我说出自己的这一想法时，孩子们说："我们不会呀，还是您上吧，我们爱上您的课。""孩子们，这是你们自己的课，老师相信你们，凭你们的能力，一定能上好！第一个吃螃蟹的人是需要勇气的！谁愿意第一个上？放心，还有我这个后盾呢！"听了我的话，宣传委员噌地把手举起来："我先来。"还不失时机地补上一句，"老师，我能不能找个搭档?”我一边竖起大拇哥一边笑着说:“太没问题了，勇士!”

恰逢教师节，班干部们把德育活动课的主题定为感恩老师。疑人不用，用人不疑，我也没横加干涉，在一个星期的准备过程中，宣委他们对我轮番轰炸，让我出主意，如“你对教师知多少”环节里我们可以出些什么题目?感恩老师的故事要几个人上台讲合适?我是该给意见的给意见，他们自己能做的我绝不插手，而他们呢，还安排了给我惊喜的保留节目——记下我在校一天中每个时间段所做的事，偷拿我的备课本给同学们展示，让大家了解我的不容易;问答环节中他们用自己的零花钱给同学们买了奖品。我想你们大概猜得出，孩子们在我的信任之下，有多么重视他们的课!到了快要下课的时候，他们还煞有介事地让我总结，让同学们点评班会的优点与不足。机不可失，时不再来，我带头鼓起了掌，然后动情地表扬道:“我要拜你们为师了，你们太能干了，班会主题鲜明，环节设计突出了‘感恩’二字，和同学互动水乳交融。”当然，我也没忘对他们邀请的设计板块的嘉宾给予表扬。我注意到被表扬的孩子们脸上洋溢着的全是自信。

当然，一个班里总会有不和谐的音符出现，一些胆小的学生就成了我的重点工作对象。开头，无论我说多少好话，他们都执意表示:不会主持。恨铁不成钢吗?恨也成不了钢!于是，我把他们召集起来，开了秘密会议，说我可以做他们的军师，但是不要告诉其他同学我在帮忙，这是我们之间的秘密。设计选题、设计流程、设计板块，我一步步跟进，在保护他们自尊心的同时，密切关注他们的完成情况，并不断激励他们，给他们打气。经过训练，那些胆小的、内向的孩子也站上了讲台，尽管他们脸上还显现着胆怯，肢体上还有些扭捏，但是他们毕竟迈出了树立自信的第一步，谁能说这不是鼓舞人心的好事情呢?

我的赏识教育还体现在作文教学中。作文教学是语文教学的半壁江山，可单是学生的作文兴趣和态度，就很不令人满意，简直到了谈文色变的地步。

败则思变。习作的评语是通向学生心灵的隧道，相信每一名学生在完成作文后，都很想听听老师的点评。因此，我首先对习作评语进行了改革。遇到上品佳作，我会在学生作文旁恰如其分地写上“佳句”“巧思”“点睛之笔”“新奇独特”“颇受启发”“想象丰富”等简朴的评语，这能唤起学生的写作热情，点燃他们心灵的火花，让他们在今后的习作中大放异彩。遇到美中不足的，我会写一些生动有趣的、充满着理解和宽容的评语，评语不是一篇作文的结束，而是一篇好作文的开始，更是一次成长的收获。学生怎能体会不出老师的善解人意？怎能悟不出其中道理？

学生的个人水平毕竟有限，而且看自己的习作始终没有看人家的习作来得有趣，针对孩子愿意看别人的作文，别人习作中的佳词好句会让他们羡慕不已的心理，我把自己的独家赏识变成了学生的互相赏识。我把作文评改的权力交给学生，四人一小组，每小组的组合尽量考虑作文水平的差异和男女同学的合理搭配。每组分到四篇作文，一审、二审找出写得好的地方画上红双圈，三审、四审共同写评语。我和学生约定，一定要尊重别人的劳动果实，认真欣赏别人的作品，多一些宽容和理解。学生们拿到同伴的作文本，兴奋得涨红了脸，睁大眼睛寻找优点，一起交流，一起赏析，一起肯定，对同伴习作中的闪光点格外珍视，他们不是在鸡蛋里挑骨头，而是在排骨缝里找肉丝。

看着一篇篇孩子们用心点评的文章，细细品读着孩子们富有童真童趣的点评，发现他们在相互表扬中获得作文的自信，在取长补短中促进竞争，从而激活积累的语言和积淀的语感。

我鼓励他们登台朗读，登台朗读的有作文高手，有中等生，也有一些偶有佳作的学生。在他们眼里，讲台不再只属于作文高手，人人都可以到讲台上展现自己的才华。我鼓励他们在校报上、班级博客里或更高级的刊物上发表作品，当学生看到自己的习作变成了铅字，他们的喜悦之情简直难以形容，于是加倍发愤地去读去写，变被动为主动。从此，作文不再是一件“苦差事”，而且对其他同学的心灵震撼和激励作用也是十分强烈、明显的，这样以一带十，班里掀起了一股写作热潮。

我的语文课，不再是一个学科，不再是一个工具，而是一个明媚的女子带领一群明媚的孩子享受美好生活的成长方式。

六、乘风破浪向美而行

我的职业就是我的理想。我的岗位就是我的兴趣。我正在做的就是我最想做的。我会因此而兴致勃勃地做下去。我不能辜负乡亲们的那一句“是块学习的料”，不能辜负领导们的那一句“是块教书的料”。因为我是大家口中的“料”，作为回馈，我就要时时处处、心心念念地服务好我的学生，我的家长们。

“美好生活教育”需要“公共约定”护航

现在网络上流行一种对于“文化”的解释：植根于内心的修养，无须提醒的自觉，以约束为前提的自由，为别人着想的善良。这个观点很好地诠释了“美好生活教育”的理念内涵，我们都希望过上美好的生活，但并不是没有底线和约束，只有规则之下的行为，才是有约束的自由，才是可持续发展的真正的自由。所以，“美好生活教育”需要“公共约定”护航。

第一，孩子与家长订一个“家庭公约”。这几年，每接新班，开学初的家长会上，我都会指导孩子和家长从解决家庭生活琐事入手，通过“开个家庭会议”“许个家庭愿景”“选个家庭法官”“聘个家庭顾问”等方式共同学习、共同读书、共同游戏、共同做家务、共同过日子，让自己的家变成充满欢笑的“公约家庭”。孩子们说：“自从有了家庭公约，父母的唠叨少了，爸爸回家早了，妈妈的笑容多了，至少每周有三四天可以陪我一小时了。”家长们坦言：“自从有了家庭公约，孩子习惯好了，全家聊得多了，日子过得更为有趣和谐了。”

第二，孩子与老师订一个“班级公约”。班级再小，也需要战略。我认为：一个班级的建设，一群学生的成长，需要从全局考虑，从长远规划，未来才会有更大的成长空间。为此，孩子们和我一起精心制定了“班级公约”的“五子登科”：早上进班净屋子，课前课后清桌子，食堂用餐光盘子，集会完毕复位子，勤俭节约收瓶子。于是，就有了羽彤购置的七彩抹布，红橙黄绿青蓝紫，如一道彩虹，给教室增添了一道亮丽的风景，屋子净了、桌子清了；中午用餐吃多少盛多少，盛多少不剩下，盘子光了；参加集会，我们班离开的时候，所有的孩子都会悄悄把椅子复位。

第三，孩子与明天订一个“未来公约”。品格的形成是一个漫长的过程。我从来没有期望孩子们在短时间内就能遵守这些公约。我愿意相信，在漫长的岁月里，他们会逐渐将这些美好的品格融入自己未来的生命中去。所以，我们用“未来公约”的举措规划明天的幸福生活。每年的毕业典礼，都设计得十分庄严而隆重，我通过六年级毕业典礼的盛典，把梦想写进“典藏心愿卡”，把“未来公约”装进时光锦囊，并约定校庆时一起相聚，打开时光锦囊，宣读心愿卡，让“未来公约”见证孩子们的成长，见证美好生活教育的成果。

凡是遥远的地方，对我们都是一种诱惑。我和孩子们把这种远方叫梦想。孩子的梦想需要舞台来支撑。作为学生成长的重要他人，我有责任为他们搭建梦想的舞台，让他们坚定信念，自觉成长，张扬个性，看到自己的价值，实现人生理想。

“美好生活教育”需要“梦想舞台”支撑

第一，主题班会根植“信念教育”。信念是人生的一种信仰，一种期望，是对结果的向往。信念是一种稳定的力量，我要把这种力量根植在孩子们心里，让他们相信美好生活都是奋斗出来的。我设计了“梦想靠奋斗实现，奋斗靠信念支撑”系列主题班会。每做一事，必专注于斯，哪怕再微小的事，也要认真面对；相信这个世界上没有任何东西能够使你倒下，如果你的信念还站着的话，那就没有什么会让你害怕！

第二，主题活动激发“自觉教育”。美好的东西总是自带磁力，吸引人们自觉奔赴。所以，我在美好生活教育之中以“主题活动”为支撑，让孩子们不知不觉享受教育的美好。“我为世园添光彩”主题活动：16名世园小使者与国际友人共培友谊绿洲，成为世园会开幕式上璀璨的明星；“我为冬奥做贡献”主题活动：“迎世园　盼冬奥”成为每个孩子心中的期盼，学唱盛会主题曲，与奥运冠军同台学习冰壶技巧，在雪地上拔河、踢球，增加冰雪运动兴趣，体验别样的快乐。孩子们真正近距离地感受到国家大事与个人的联系，明白了只有人人自觉，只有人人努力，才能形成强大的社会力量，才能成就美好的社会。

“美好生活教育”需要“传统文化”丰盈

第一，阅读中滋养生命内涵。有人说爱读书的孩子再坏也坏不到哪儿去。所以，我培养孩子的阅读习惯，让文化的养分浸润生命。读“名著”——感受中华五千年文化的博大精深，与历史人物进行思想对话；读“诗词”——感受合辙押韵的美妙意趣，感受李白斗酒诗百篇的浪漫豪情，体会杜甫“朱门酒肉臭，路有冻死骨”的忧民情怀，在《中国诗词大会》上与高手小试牛刀；观《朗读者》——领略朗读者的朗读风采，为无声的文字注入灵魂的有声功底。我们制订“读书计划”，列出读书清单，师生一起每天至少读书15分钟，经年累月读经读史，积累厚重；我们构建“书香班级”，设立班级小书架，让书香成为班级的味道。孩子们爱上了阅读，也学会了让自己的心灵宁静，闲暇的时候坐下来，打开一本书，看一段文字，背一首诗，成为他们对生命的填充。

第二，游学中感悟文化魅力。游学是孩子们走出学校看世界的渠道，是学校教育的延伸和补充。每年我们都要组织学生外出游学，我都积极鼓励学生们踊跃参加，从古崖居、八达岭长城，到故宫、国博，再到国外的一些著名景点，孩子们用双脚丈量世界，用双眼领略自然。令我印象最深的是“读城·学旅——10张地图主题学习”，其中，“民居地图”

带孩子们走进首都博物馆，拼出了自己心中的四合院，观赏了老北京的糖人制作，品尝了老北京工艺的冰糖葫芦，玩起了老北京特色的跳房子游戏等，孩子们在寓教于乐中真正感受到了属于四合院的怡然情趣，亲身感悟到了传统文化的魅力。就这样，一段真正的行走，一座城市的旅行，一份真实的体验，是孩子向城市发出的声音，也是游学带来的文化魅力。

第三，网络中注入传统元素。随着社会的发展和科技的进步，网络已经以其迅猛之势充斥在人们的生活中，但如何接受网络、如何利用网络、如何把现代与传统有机结合是我们教育者应该实践的课题。于是，我在班内建立了家长微信群、申请了微信公众号，把班里发生的大事小情、家里出现的尊老孝亲故事、年级里志愿服务的剪影、同学间友好合作的瞬间进行呈现，这些无不是社会主义核心价值观的体现，无不是传统文化的缩影。孩子们平时使用手机对准的是传统美德的榜样，打开电脑是对班级公众号的浏览和完善，微信群成了一个温暖、健康、和谐向上的网上大家庭，公众号成为我们传承传统文化的载体，注入传统元素之后，实现了自身的生长与传统文化的融合。

七、云端，也能建城堡

2020年初，全国被疫情的阴影所笼罩，我们经常看到这样一句话："时代的一粒灰，落在个人头上，就是一座山。"是的！这次疫情，让我们每一个人都站在历史的峡谷前。

从我被"关"在家里的那天开始，我便思考了三个问题：班级还在吗？家校还合作吗？孩子们该怎么办？以前在学校，我们可都是朝夕相处、如影随形的呀。为了让孩子们的居家生活劳逸结合、张弛有度、起伏舒缓、有节奏、不虚度，我通过两封家书、三餐食谱、十部电影，积极地把这场"危机"转变为"教育契机"。

两封家书

当得知孩子们在屏幕那端贪恋手机、不肯静心学习时，我是多么怀念以前和孩子们面对面的时光，有多少话想说给我的孩子们哪！于是我在屏幕的这端写下了第一封家书《疫情过去，欢迎少年翩翩归来》，家书涵盖的内容有“敬畏生命，拥抱健康生活；学习模范，常怀感恩之心；人之精彩，贵在专注学习；疫情过去，迎接少年归来”。以此来引领孩子们了解疫情，敬畏生命，礼赞模范，专注学习。

家书中，关于专注学习，我这样写道：亲爱的孩子们，由于疫情，我们延迟了开学的时间，在家里，必然会有很多诱惑和干扰，可是，别忘了你们已面临毕业季，还有四个多月，就要结束小学生涯，进入初中生活。这也是你们人生的重要转折点，此时此刻，你若勤学苦练，就会在人生的拐点实现弯道超车，为人生赢得成功的筹码。相反，你若沉溺于网络，颓废在游戏中，生命定会用无尽的痛苦，让你为今天的行为埋单！成功在于年少，人之精彩，贵在学习。愿你们能铭记老师的教导，在老师的指导下，有计划地学习，珍惜时光，扬鞭催马，奋勇前进。待春暖花开时，青青校园里，你们就是那青春阳光、昂扬向上的少年郎！

一封家书戳中了孩子们的心，他们深深知道小家连国家，纷纷表示，不外出、不聚集、勤学习、多锻炼。家长们也对家书交口称赞，表示家书如及时雨，滋润了孩子们的心田。这封信像长了翅膀一样，被“北京延庆”“延庆在线”等多家公众号转载，鼓舞了延庆更多的孩子，他们期待着春风吹开校门那一天，在期待中做好生活、学习的新规划。后来我又写下了第二封家书《我们的五字约定》，这封信被转载到“延庆教育”公众号。我还录制了教育讲座视频，通过“和、养、等、严、修”五字约定，告诉家长们教育宜疏不宜堵，帮助他们拨开迷雾。

两封家书，美好约定，孩子们在慢慢发生变化，他们自主学习、科学运动、阳光生活；家长们在慢慢发生变化，他们骄傲地分享朋友圈感叹孩子长大了。

三餐食谱

想要身体好，三餐要吃好。我精心定制的“心灵成长一日三餐”带给学生们思想的力量。

早餐，信心的能量棒。我们的早餐食谱就是一歌一诗一新闻。每天早上7点，我在班级微信群发送一首励志歌曲，让孩子们在好听的歌声中起床。7点10分吟诵一首短小的抗疫诗歌，注入生命的源泉。7点20分推送十分钟的新闻播报，孩子们一边洗漱、吃早饭，一边听新闻。一歌一诗一新闻，让孩子们的生命在每天的第一时间得以舒展，心灵得到唤醒，师生共同传达一种愉悦、饱满的精神，并由此开启一天的学习。

午餐，暖心的热鸡汤。中午休息时间，我们同阅读共抗疫。当时已84岁高龄的逆行者钟南山投入抗疫一线的事迹，身患渐冻症、奋战在最前线的武汉金银潭医院院长张定宇的事迹，武汉的高中学生在方舱医院刻苦学习的报道，环卫工人、快递小哥、超市收银员等普通人的故事，时刻激励着我们。在这个全国上下齐心协力抗疫的特殊时期，我们在共同阅读中获得心灵的慰藉，汲取抗疫的精神力量，点亮自己，照亮他人！

晚餐，思想的麻辣烫。晚饭过后，学生有一段相对较长的自由支配时间，我要求孩子们静下心来思考和反省一天的学习生活，并将自己的想法物化为不同的形式，他们编小报、写随笔、网上跟帖、拍摄微视频、分享自己的抗疫故事等。这样的晚餐不同于早餐的美味丰富，不同于午餐的暖心励志，味道有点儿辣，有点儿麻，就像麻辣烫。孩子们喜欢并乐此不疲，在前进中反思，在反思中前进。

十部电影

在这个特别的寒假，孩子们计划好的旅行被疫情耽误，宅家生活还不知道要持续多久，这种情况下，如何带孩子足不出户看世界呢？在学习闲暇之余，我上“豆瓣”挑选了十几部高品质的电影，这些影片涵盖亲情、教育、自然、科学、艺术、天文、人物传记等，利用宅家的周末时光，我和孩子们、家长们一起观看，并开通了“梅花儿朵朵开”个人公众号，我们一起写影评，一起向美，向爱，向远方。

《垫底辣妹》让我这个当老师的深刻认识到没有坏的孩子，只有坏的教育，永远不要给孩子贴标签。

观看《水深火热的星球》，孩子们随着电影走进地球最深、最高、最冷、最热、最潮湿和最干旱的自然栖息地，了解那里的动物是如何克服不利的环境因素生存繁衍的，从而明白生存需要勇气。

孩子们在《港珠澳大桥》的观后感里对普通劳动者的奉献与担当、智慧和汗水进行了最深情的讴歌。

身体和灵魂，总得有一样在路上。我和我的学生、学生家长虽然被困在钢铁森林，却有一场场畅游全球的云旅行，行走在不同的国度，让心灵慢下来，不烦闷，不焦躁，在缤纷多彩的世界中找回缤纷多彩的自己。如今，疫情已去，我们对“云电影”却依然难以割舍。

八、我对教育的点滴思考

老牛自知夕阳短，不待扬鞭自奋蹄！我做班主任已经32年，不知不觉间已经步入快要退休的年纪，灵魂没有白发，但是头上，白发已经悄悄生长。

感谢我的学生们，在与你们朝夕相处的日子里，我对什么是“爱”，什么是“教育”有了更深刻的感悟；感谢和我一样还在一线奋斗的班主任们，是你们对教育的执着追求，让我更加坚定，做一个好老师必须有理想，必须在长期的教育实践中历练成长；感谢我的师长，你们总能在我迷茫的时候给我力量、勇气和智慧，让我坚持理想，从一个全新的视角重新审视教育的价值；感谢我的领导和同事们，是你们的悉心指导和帮助，让我从一个稚嫩的年轻老师逐步走向进步和成熟；感谢班主任这份职业，让我不断感悟着教育工作博大而深远的内涵，对人生有了更加完美的体验；感谢我的家人，是你们的全面接纳与厚爱宽容，让我没有后顾之忧，越干越有精神。32年，我始终觉得那燃烧着生活激情的讲台让心灵的天地无比广大，让我的内心世界有一种美妙且崇高的东西在冉冉升起。身处北京这个大城市，充满挑战，虽然年过五十，但是我的梦想不忘却，责任不懈怠，换得桃李笑春风，直到退休，可以无愧，可以坦然，可以自豪。

作为一个求学者，不同的时期，遇上不同的幸福和温暖，在不同的人生经历中感悟、成长、积淀和成熟；作为一个教育者，我踏踏实实地做真实的自己，在教与学的成长过程中获得了职业幸福感，让教育的真心诚意带着理想、生命与理性的温度落地。

理论点评

点评人：李明玉博士

杨老师的教育故事中展现出了一位资深班主任强大的领导力。“班主任领导力”是指在班级这个特定场域中，班主任影响与引领学校、班级学生、任课教师及家长，共谋班级发展，共同实现育人目标的一种能力，而影响的关键在于共同实现目标的过程中良好关系的建立。[1]

良好师生关系生发于共情，即为此题《教育的温度》所述，育人首先要“目中有人”。每一次与学生之间的深度互动，点点滴滴终化作一股股暖流，浸润着孩子的心田，同时对教师的职业生涯予以滋养，教学相长。

领导力是一种特殊的人际影响力，属可迁移能力，重在“拉力”的使用，而非过多使用“推力”。可具体分为自主追求、以人为本、善谋共识、激励人心和持续践行五个维度。

文中多次提及“是块读书的料”“是块教书的料”，父老乡亲、前辈领导眼中对于这块“料”的认可，实际上是对于杨老师职业特质的肯定，进一步成为杨老师孜孜以求、不懈追寻职业理想的驱动力量。历经求学之路、师范生活、实习实践、回归村小等发展阶段，在不断求索中，杨老师迎来了一次次初为人师的“高光时刻”。在职业兴趣选择与能力淬炼后，杨老师班级管理的默会知识积累更加厚重，立德树人的职业理想更加坚定。

有领导力的班主任并不是一个“我说了算”的人，而是一个“善谋

1 李明玉、武姗姗:《论班主任领导力的内涵与发挥》,《教学与管理（理论版）》第2020年第9期。

共识”的人。杨老师引领学生制定了“班级公约”“家庭公约”，甚至将目光投向远方，引领学生建立“未来公约”，促进家庭学习环境和谐、增进学生道德教育效果的同时，充分发挥“远方”的吸引力，在学生心中播下期许的种子，并激励其为之奋斗、努力。班主任应该学会运用“协商讨论”的方式引导班级达成共识，达到“预期目的”，通过协商缓解学生的对抗情绪，提升学生对自我管理的认同度，把自己的意图转化成学生的自我要求。[1]

杨老师激励人心的故事内容，给我留下了较深刻的印象，使我感慨良多。教师、家长望子成龙，心情迫切，殷殷期盼，有时难免过于苛责。杨老师此方面的做法，体现出较高的教育智慧，渗透着深厚的学科育人素养底蕴，值得学习、借鉴。通过系列赞赏教育活动如“颁奖词”“活动课”等，乃至在学科教学中都透出对学生浓浓的赏识、闪光的鼓励，达到了不错的教育效果。欣赏是自由的，欣赏别人的美德、学习他人的长处，必须是发自内心的情感和道德需要。身边的美，不是没有，而是没有被我们发现。作为家长、教师应当学会去寻找、发现、欣赏孩子的美，这在孩子良好的道德养成中发挥着重要作用。

杨老师持续践行育人事业，32年如一日，这其中饱含着她对于教师职业的执着与热忱。杨老师与时俱进，将社会主义核心价值观的教育理念渗透于学生生活的方方面面，培养学生的文化自信与民族自豪感。优秀的班主任有着广博的专业知识、先进的资源意识，深知“教育即生活”的真谛，从生活中汲取教育的营养，且行且思，在积累自身经验、知识的同时，形成独特的班级管理风格，发挥着高水平的班主任领导力。此篇教育故事给我们以深刻的启示，有着很好的参考作用及价值。

---

1 王国成、程健康:《让道德学习在欣赏中进行——欣赏型德育师生关系的构建》,《中学政治教学参考：下旬》2018年第2期，79—82。

学生点评

点评人：李忻泽

读了杨清梅老师的《教育的温度》，掩卷沉思，感慨颇多，但印象最深刻的还是教育者那智慧的、富有温度的教育情景。“有温度的教育”将成为我未来从事教育事业的座右铭。

杨老师切身的经历，让我感受到了赏识教育的重要性。乡亲们、恩师、领导的赏识性话语，激励杨清梅老师实现自己的梦想，成为一名优秀的教师！也正因为如此，更让她意识到赏识教育，这种有温度的教育，在教育教学中的重要性。她希望让每个孩子都拥有幸福美好的人生。杨老师为各方面表现优秀的同学们写颁奖词，评选感动班级人物，让每一个孩子的优点都能被发现，让每一个孩子都能有被肯定的幸福感，让每一个孩子都在有温度的教育中快乐成长。

如何做有温度的教育呢？我认为要用爱。用爱产生热情，用热情给教育升温。教师教育学生，最不能忽视的就是学生的个体差异，每个学生都有自己的独特之处，每个孩子都是一朵小花，只是花期不同而已。教师要做的就是：用心浇灌，用爱培养。作为教师，要给予孩子充分的信任，给孩子的发展搭建成长的舞台，给他们持续不断的鼓励，让孩子感受到信任，感受到爱。

杨老师用自己对职业的热爱鞭策自己，又施博爱予学生，做到了教学相长。其实在学生的成长过程中，教师也同样在成长，所以我们需要把学生看成是和自己一样的人，给予他们充分的尊重和爱。十年树木，百年树人，教师的工作是点滴积累的工作。我也希望自己未来的教学生涯，是在漫长的岁月中积累沉淀，是怀揣着爱在日复一日的工作中保持热情之火不灭，终看桃李满园。

我们现在处在专业发展的初级阶段，总是想着现阶段与目标的差距，急于做到心中的那个理想的自己，总认为复刻某种优秀的模板便能实现自我的成功，却常常忽略最重要的问题：没有爱就没有教育。如果我们只是为了完成任务而教育，出发时的热情与坚定就会慢慢被路上的困难和挫折掩盖。一片冰心在玉壶，作为教育行业的从业者，我们需要像杨老师一样的爱，对自己事业的爱，对学生的爱，有了这样的爱才能培养出全面的人，从而推动自己持续向前，不忘初心。

三尺讲台，三寸舌，三寸笔，三千桃李；十年树木，十载风，十载雨，十万栋梁。这是对杨老师教育生涯的贴切描述，有园丁如此，何愁树苗长不成栋梁！杨老师的教育故事不仅是对自己职业生涯的回忆，同时也是我们最好的教材。我会秉持着终身学习的理念，在当下努力学习教育教学知识、磨炼专业技能，提升教书育人的本领，不断充实自己，提升自己的综合素质和能力，争取做到“为学为师，求实求新”，走好未来的职业道路，更要向杨老师看齐，为做“四有”教师不懈努力，以热爱度过漫长岁月，以有温度的教育成就孩子的梦想！

静心教书　初心育人

北京市延庆区十一中学
左静菲

一、乡村生活培养了吃苦耐劳的我

1978年正是改革开放的初期，我在北京市延庆县康庄镇四街村诞生了。我家共有3个女孩，我是老三。因为家中务农，我的童年自然也离不开劳动，还记得小时候，因为我年龄小干不了地里的活儿，父母还有姐姐下地干活儿，我就在家中做饭，蒸米饭、熬菜、蒸馒头，这些普通的家常饭菜我都会做。后来我能下地干活儿了，一到假期，地里就会有一个小小的身影。播种、浇水、施肥、收秋，我样样在行，现在回想起来当时下地干活儿真的很苦，但也培养了我吃苦耐劳的品质。家中两个姐姐，都报考了师范学校，姨家、舅舅家的表哥、表姐也都考的是师范类学校，受他们的影响，从小我就有一个梦想——长大后能成为一名老师。

二、我的求学路

乡村小学生活，自由自在

我的小学是康庄中心小学，在当地还是一所不错的小学，那里的老师待人都很亲切，令我印象最深刻的是小学六年级的班主任王老师。王老师温柔漂亮，同学们都很喜欢她，放假时我们班里的同学还会经常去找她玩。后来因为工作原因，她调走了，我很难过，走在放学的路上一直哭，路上的行人停下脚步问我为什么哭，得知原因后都笑了。现在回想起来，那其实就是一个学生对老师最真挚的感情，对老师最朴实的爱。

寒来暑往，6年的小学生活过去了。作为一个普通的孩子，我在小学不是班长，也没有当过班干部，只担任过小组长，但我对工作认真负责，学习成绩在班级里也是名列前茅。康庄镇是有名的风口，冬天特别冷。还记得二年级时的冬天，我随姐姐走着上下学，风刮在脸上像刀子割一样疼，棉衣怎么也系不上扣子，我被冻得哭了一路，放学回到家后在热炕上焐了好久才暖和了过来。康庄镇的冬天可真冷啊！ 6年的小学生活，无忧无虑，我最快乐的就是参加了学校的合唱队，从一年级开始，一直到六年级。因为唱歌好，我的音乐成绩每次都是100分，这也是我最优秀的学科，现在想起来依然觉得很自豪。在以后的工作中，因为唱歌，学生们愿意与我亲近，我也觉得和学生们一起唱歌是一件快乐的事情。每次合唱比赛，因为我的参与，学生们也能分外努力，更加齐心协力，我所带的班级也总能在年级中名列前茅。2014年，我们班还代表学校去参加县里的合唱会演，孩子们亲身体会了“心有多大，舞台就有多大”。

初中追梦成真

之后，我升入了康庄中学。作为延庆第一所中学，康庄中学历史悠久，学风优良，学校里的老师治学严谨，它是个育人的摇篮。勤奋好学的我在这所中学里健康地学习、锻炼、劳动、成长着。我的大姐已经考入师范学院，她将要成为一名中学教师。受姐姐的影响，报中考志愿时我报上了“延庆师范学校”，因为唱歌好，动作协调，我报考了幼师专业，那时候我的梦想是成为一名幼儿教师。1994年7月，我被延庆师范幼师专业录取了。

精彩的幼师生活

1994年7月到1997年7月，我在延庆师范幼师专业学习，在这里我接触到了以前没有接触过的很多专业。第一次进琴房弹钢琴，第一次接触视唱练耳，第一次学习舞蹈。同时，我也是第一次离开父母，开始了住校生活。

那时候师范学校的老师水平都非常高，对学生很好，要求严格。有一个教生理卫生课的老师，对学生要求特别严格，大大的眼睛不怒自威，所以我们对这门课学得最认真。面对新的环境、新的老师和新的同学，我倍加珍惜，像花儿吮吸甘露般学习专业知识，健康成长，为成为一名合格的幼儿教师而努力。

不待扬鞭自奋蹄的大学生活

1997年，我即将结束师范生活，准备正式工作了。恰在此时上天赐予了我一份礼物。因为当时县里小学老师呈饱和状态，所以我们这届师范生有了一个继续上学的机会，而且还能带工资脱产进修。于是我认真备考，经过不懈努力，与班内其他三名同学一起考入了大专班，同普师的同学一起进入了大专学习。因为三年幼师所学的专业知识较多，文化课较少，我深知自己和其他同学的差距，但是宝剑锋从磨砺出，梅花香自苦寒来，我相信只要我足够努力，一定能和其他同学并肩前行。1999年，我的学习又上了一个新的台阶，继续进行本科学习。星光不问赶路人，时光不负有心人，一年的本科学习，我继续不待扬鞭自奋蹄，2000年7月，因为县里急需中学教师，于是我走上了工作岗位，走进了康庄中学，成为一名中学教师。

三、静心教书，初心育人

班主任的用心，说到底就是一个爱字。爱是教育的基石，是教育者教育创新的不竭动力。用“心”做班主任，点亮学生智慧人生。

回眸参加工作的这21个年头中，担任班主任工作18年，我一路摸索，一路追寻，从刚开始完全依靠个人权威进行管理的“人治”，到尝试依靠班规、班纪的“法治”，再到今天以“家”文化为基调，以“善”文化为核心的“文化治班”，每一个节点，都见证着我生命的绽放。18年来，我带过8个班，有的班获得过市区级优秀班集体的称号，我也先后获得过北京市紫禁杯优秀班主任特等奖、北京市紫禁杯优秀班主任荣誉称号、八达岭长城杯优秀班主任荣誉称号。2021年，我又荣幸地被评选为第一届北京市骨干班主任。一路走来，有欢乐也有泪水，有幸福也有委屈，但我还是很庆幸，我一直不忘初心，以匠人之心做一个快乐而明哲的班主任。

我的德育观是，德育是心育，贵在感应与共鸣，德育不能见事不见人，必须动真感情，充满人文关怀。做思想工作和心理疏导，既要晓之以理，更要动之以情，让学生充分感受到你在真心地关爱他，这是他接受你的工作和疏导的基础。[1]

第一阶段，在爱与责任中初为班主任。

2000年，我回到了母校康庄中学任教。因为工作需要，学校并没有安排我担任班主任工作。回想起来，那一年真的很轻松，不用早出晚归，和学生之间也没有什么实质性的接触，只要上好课，学生成绩好就够了。但是心里总不免有些失落，凭着对教师职业的热爱，我执着地认为要成为一名优秀的教师，就必须成为一名班主任。于是，我再三向学校领导申请担任班主任，终于，在2001年，我第一次以一名班主任和任课老师的双重身份，出现在学生面前。

那时的我认为，做班主任工作的基本要素就是“严与爱”，俗话说“严师出高徒”，为了使班里的孩子们服我，第一步就是得让他们怕我，所以我对他们的管理真的很严格。早晨我第一个进班，见到抄作业的，罚；课间有打闹的，罚；课堂上有违纪现象的，罚。班中的一切事物都以我为中心，我拥有最高权威。

有一个孩子因为在我的课堂上写数学作业，我无情地把他的数学作

1 刘彭芝:《人生为一大事来》，人民出版社，2019年。

业本撕得粉碎。在这种严格的管理下，不久班里的纪律就井井有条了。办公室的老教师还夸我：“小左这个年轻人，带班还真有一套，学生挺听话呀!”听了老教师的夸奖，我不禁沾沾自喜，心想，当班主任就得爱学生，爱就是严，这都是为他们好！可是很快我就笑不起来了，班级纪律虽然好起来了，但是学生却离我越来越远，他们看我的眼神是躲闪的，上课时也是死气沉沉的。特别是那个被我撕了作业本的孩子，从他的眼神中我明显感觉到了怨恨。难道我做错了吗？晚上，我彻夜未眠。我对学生是热爱的，但学生能够理解我的爱吗？一个高高在上的班主任，自以为有责任心的班主任，真的是好班主任吗？

带着疑问，我向德育处主任宋老师求救。他语重心长地说了这样一番话，现在还回响在我耳边：“小左呀，班主任可不是那么好当的，要有一颗童心、爱心、责任心，这些你都具备，但是你还要有包容心、耐心、恒心、信心。孩子们就像一朵朵含苞待放的花儿，每一朵都要绽放，只是需要静待花开的时间。十四五岁的孩子正处在青春期与叛逆期，你要真诚地对待他们，要像朋友一样与他们相处，要像妈妈一样给他们指引方向。既要传授给他们知识，又要告诉他们做人的道理，只有这样，孩子们才会从心里真正接纳你这个班主任，他们的心扉才会向你敞开。”哦，原来这才是师爱，真诚地爱学生，并且让学生感受到你在爱他，这样才是一个合格的班主任。

我想，要成为合格的班主任就要做到两点。一是有爱。爱学生要像爱自己的孩子一样。给自己的孩子过生日，也给学生过生日；与自己的孩子做游戏，也要和学生做游戏；给自己的孩子讲故事，也要给学生讲故事；总之，要把爱全都给学生，这样才是真爱。二是有心。做有心的教师，将学生的一点一滴都记录下来，把学生的作文保留着；把学生的信保存着；与学生的联系保持着。放下“尊师”的架子，才能得到孩子们的尊重，才能与孩子们一起成长，最终获得成功。作为教师就应该是“让孩子因我的存在而幸福”。

于是，在以后的日子里，我试着了解每一个学生，到他们的家里去家访；带着他们去秋游；在学校里和他们一起游戏；组织生日会，为他们过生日；他们生病时嘘寒问暖。记得那个被我撕了作业本的孩子，一天在体育课上扭了脚，我背着他跑到医务室，给他的脚涂药，忙来忙去，累得出了一身汗。低头时，我看到他满眼是泪水，哽咽着对我说："老师，我错了。"一瞬间，我的眼泪也出来了，我终于用我的爱打动了孩子，让他敞开了心扉。

初为班主任，在爱与责任中，第一年平稳度过。但琐碎的班级事务也常常把我搞得狼狈不堪，我不禁暗自感叹，当班主任真累呀，怎么样才能当一个轻松又快乐的班主任呢？我陷入了沉思。

第二阶段，在学习中成长，在反思中前行，成为合格的班主任。

苏霍姆林斯基说："真正的教育是自我教育。"反思一下，为什么我这么繁忙呢？因为只有我成了班级的主人，而学生没有成为班级的主人，没有进行更好的自我教育。

子曰："三人行，必有我师焉。"从小到大，我都以此为训，我很幸运生活在这个改革开放的年代，很幸运有机会通过各种途径直接或间接地接触了很多教育专家和名师。对于年轻人来说，博取众人之长，可能是使自己更加完美的开始。到目前为止，我已读了张思明的《用心做教育》、李希贵的《为了自由呼吸的教育》、李烈的《给生命涂上爱的底色》、王晓春的《做一个专业的班主任》、李镇西的《做最好的班主任》、万玮的《班主任兵法》等，这些"学为人师，行为世范"的榜样是值得我终身学习的。曾子曰："吾日三省吾身。"我也不时地用先进的教育教学思想来反思自己的教育教学工作，哪块好，哪块不好，应如何改进；我的优势是什么，劣势是什么；我该如何扬长避短，形成自己的教育教学风格。结合自己曾经学过幼师的背景和我对教育管理的理解，我将自己的特色定位于爱与智慧交相辉映，严与宽相容并济，民主与科学齐抓并进，让每个孩子都能快乐地成长。

在这种教育理念的指引下，我把科学与民主运用到班级管理中。通过毛遂自荐、民主选举选出一支班干部队伍，再将他们培养成我的小助手。值日班主任制度使每个同学都参与到班级管理中来，从开学第一天起，值日班主任就轮流记班级日志，将班上每天发生的事情及同学所想的问题记下来，弘扬正面的、健康的、一切有利于同学们发展的道德风尚，推崇好的学习方法，表扬好人好事，批评不良现象。利用班级日志，同学之间可以进行同伴教育，这为同学之间的相互了解搭建了平台，为形成和巩固良好的班风起到了很好的作用，同时也为我全面了解每位同学，及时了解班级情况打开了一扇窗。

班级“法治”，一个民主的班级就要有一定的规矩。俗话说“没有规矩不成方圆”，每接一个新的班级我都和孩子们一起制定班规和班级公约，大家为建设优秀的班集体共同制定规则，如果违反规则就会受到惩罚。有了规则，班干部和值日班主任都能各自履行职责，我明显感到做班主任轻松了许多，看到孩子们的成长，我也是喜上眉梢，乐在心头。渐渐地，我对自己的工作开始满足起来，学校给予我荣誉，家长给予我认可，学生对我评价也很高。2005年，我获得了八达岭长城杯优秀班主任称号，2006年，我获得了县级优秀德育工作者称号。我想这回我应该算个优秀的班主任了吧，可让我没想到的是，一次，我在大街上遇到了刚刚毕业的学生，我微笑着要上前打招呼，而他一扭头走掉了。我的心里不禁一阵感慨——刚教完的学生就不认老师了。回家后，我难以入睡，反思自己在班级管理中是不是过于重视“法”，而忽视了“情”呢？我对孩子们在文化方面的引领到位吗？这使我又陷入了深深的沉思，我应再对班级文化进行升级。

第三阶段，文化引领、刻苦钻研，做一个快乐而明哲的班主任。

2011年，我又担任了一个班集体的班主任。以“家”文化为基调，以“善”文化为核心的“文化治班”，成为我新的带班理念。

这里窗明几净，地面干净得能照出影儿；这里有盛开的花儿，有游动的鱼儿，有安静的小乌龟，充满了温馨的气息；黑板的右侧每天都有一则给孩子们启迪的名言，一句句名言告诉了孩子们做人的道理；语文课堂上，每天一个“中华美德故事”陶冶着孩子们的情操，洗涤着孩子们的心灵；“雷锋日记”里，记录着班级中每天发生的好人好事；每周末我们都会请一位同学推荐一首积极向上的歌曲，同学们认真准备歌词，周一时学唱。

我向优秀班主任王文英老师学习，与孩子们共同制定了这样的班规：

我长大了，我懂事了，我自觉了。

我是一个独特的、自信的人。我有自信，我有自尊，我有完美的人格。我力求做到，不让老师批评，不让同学责难，不给别人添麻烦。

我有一颗善良的心，更有一个积极向上的愿望——每天都要有收获、进步和成功。

我喜欢生活，喜欢别人和自己。我要为别人着想，显示我活得高尚；为自己而活，显示我活得潇洒。

我要让集体因我而光荣；我要让同学因我而自豪；我要让老师因我而欣慰；我要让父母因我而骄傲。

我要学，我要会学。我要靠自己，踏踏实实地学。

班规充满激情，也充满诗意，它侧重于正面的引导和鼓励，而不是一般的约束和奖罚，显得亲切温馨，显得与众不同。每周一的早晨，我们都会大声宣读班规，在引导与鼓励中，孩子们明显懂事多了。当我去参加教研活动时，当我有事不在校园时，我的孩子们表现得更为优秀，他们自信地说：“老师您放心，我们绝不给您丢脸。”不一样的班规，促使学生完成了自我教育，班里违纪的现象越来越少，我深深感到孩子们长大了，懂事了。

第四阶段，为党育人，为国育才，成为学生成长道路上的引路人。

如果你不从内心深处热爱你的学生，你便教不好你的学生，我对此深信不疑。做快乐而明哲的班主任，是我一直追求的梦想。先学生之忧而忧，后学生之乐而乐，是我一直秉持的原则。

2018年9月，我又迎来了一个新的班集体，经过半年的培养，我所带的七年级（9）班已经成长为和谐且有上进心的班集体。这个大家庭班风正、学风浓、凝聚力强，师生和睦、同学和睦，感谢所有任课老师的倾情付出。良好的纪律是学生们学习的保障，心中追求的目标是他们学习的动力。“静以求学”为他们创造了良好的学习氛围，“竞以求进”的学习小组制度，让他们在竞争合作中学会成长。

我在这个大家庭中既是一个领航者，又是一个母亲。成绩落后时，我为孩子们加油鼓劲；学习疲惫时，我为孩子们高歌一曲，缓解压力；心中有烦恼时，我是孩子们最好的倾听者；合唱比赛时我们齐心协力获得一等奖和最佳表演奖；运动赛场上我们拼搏进取，获得团体总分第四名、女子接力第二名和精神文明运动队的称号；一面面卫生、纪律流动红旗是我们努力的见证……在这点点滴滴中，孩子们长大了，懂事了，自觉了。

教育，更多的时候是一种情感的滋润与人格的感染，所以它并不只是讲台上的事，也包括日常生活中与学生共同的喜怒哀乐甚至摸爬滚打。童心和爱心，是每一位教育者铸造事业大厦的基石。优秀的教育者应该学会并善于运用孩子的眼睛去观察，用孩子的耳朵去倾听，用孩子的情感去热爱，用孩子的兴趣去探寻！当学生把我们当作知心朋友来对待时，我们就已经在学生心中建立起了人格的丰碑，而我们的教育之舟也就开始驶入成功的港湾。

我用心灵写诗，谛听花开的声音，拥有一颗爱心与童心，与孩子们构建了一个和谐向上的班级，我想说，做个班主任真的很幸福！

四、班主任经验总结

通过多年的实践，我总结出一些做班主任的经验。

第一，对学生亲切地称呼，走进学生的心灵。

从教以来，我一直从事班主任工作，与学生关系非常融洽，我想这与我一直只喊名不带姓的习惯有一点关系。开学以来，我一直保持着这种习惯，以最短的时间，最快的速度，走进了学生的心灵。

人与人的关系常常从称呼就可体现出来。大多数老师习惯连名带姓地喊学生回答问题，有的老师上课时甚至连名字都喊不出，只是用手一指，用一个简单的“你”来代替。这似乎是一个普遍现象，很少有人意识到改变它的必要性。都说老师是孩子的第二任父母，孩子出世后，父母会爱怜地呼唤他的乳名，长大后会亲切地喊他的名字，那么老师为什么不能像父母那样自然地叫学生的名字呢？试将“×××，你来回答”与“××，请你来回答”进行比较，哪种更易被学生接受是显而易见的。有时也可以采用趣称，有些同学有好听而文雅的绰号，若在一些娱乐、游戏、郊游等场合以绰号相称，会让学生觉得亲切。还可以以学生的专长称呼，如“我们班的歌唱家”“我们班的画家”“我们班的数学家”“我们班的演讲家”等。这些称呼，既能活跃气氛，又可起到激励先进的作用。

改变称呼其姓名的方式，像亲人那样只称呼其名字，像朋友那样称呼其雅号，学生会有一种如沐春风的感觉。巧妙地利用对学生的称呼，让学生感受到老师的亲切与尊重，会引起学生心灵的共振，教育的效果也会事半功倍。

第二，和学生同唱一首歌，拉近与学生的距离。

著名教育家魏书生对音乐在班级管理中的作用有这样的描述，他说：“唱歌既能使大脑得到短时间的休息，又能使人陶醉在美好的歌词中和悠扬的旋律里，使身轻松，使心愉悦，使人更热爱生活，更热爱学习，也使人大脑两半球更容易沟通。”音乐的力量是无形的，听好的音乐是一种享受。

在近一年中，我教会了学生很多的歌，深深地感觉到音乐的力量是无形的。在舒缓低沉的曲调中，他们渐渐成熟；在清新明快的曲调中，他们懂得进取；在热烈奔放的曲调中，他们充满激情。而那些励志优美的歌词可以让他们增添战胜困难的勇气，消除失败带来的悲伤。

在日常学习、生活的过程中，有些同学缺乏激情，缺乏信心，觉得自己很多方面都不如别人，长此以往，身心健康的发展会受到一定影响。班主任要做的就是不断地激发学生的激情，增强学生的自信心。仅靠单一的语言是不能起到长久的作用的，而唱歌的最大特点就是以艺术的形式来调动人的兴趣，激发人的情感，让人愉快地接受教育。让学生在唱歌时“随歌潜入心，润德细无声”，在不经意间让他们的思想情感经历砥砺，从而内省，促使学生进行自我教育，进而提升学生的综合素养。雄壮激昂、节奏感强的乐曲，可以刺激大脑的兴奋度，能激励、鼓舞人的精神，所以我让学生以投票的方式选了五首励志的歌曲作为周一到周五每天早上的晨歌。当学生唱到这些歌曲时，会感到热血沸腾，感到眼前的一切困难都没有什么了不起的，前方有希望在等待着我们，能给我们信心与力量。我利用课外活动课、班会课等一些时间教他们唱班歌，学生们很快熟悉了这几首歌曲的旋律，一有时间我就让他们唱一首来鼓舞自己，那优美而又富有教育意义的歌词，那朗朗上口的旋律，潜移默化中感染了不少学生。这样不仅培养了学生的集体意识，而且也端正了他们的人生态度。现在我们班的课堂纪律良好，学生的精神面貌也比较饱满，学习进步了，班风更好了。

第三，和学生共同游戏，感受学生的快乐。

以真诚赢得真诚，以心灵赢得心灵，我一直在努力践行。“变成孩子”，与学生共享“欢乐”，这是我再次成为班主任后最想完成的一项任务，教师在与学生游戏过程中的身份既是教育指导者又是游戏伙伴。教师在与学生游戏的过程中，应注意以自身的这种双重身份影响他们的行为。

一方面，我作为学生的游戏伙伴，以平等的身份参与游戏过程，与他们共同探索操作，相互交流，共同遵守游戏规则。正如陶行知所说的，教师要“变成孩子”，与儿童共享“欢乐”。教师的这种游戏伙伴的同等身份，可缩短学生与教师“两个世界”间的距离，使孩子们觉得亲切适意，而非拘谨畏惧，从而营造出一种宽松和谐的环境和氛围。由此，不仅可以使他们产生愉快的情感体验，增强对所从事活动的兴趣，更重要的是，这种环境和氛围还有益于激发他们的独立自主性，形成积极的自我意识，增强自信，减少对教师的依赖；再就是有益于激活他们的思维，促进主体积极的创造性行为。游戏伙伴的身份要求教师站在学生的立场，想他们之所想，从而尊重他们的游戏主体性。

另一方面，我还注意发挥教育者的主导作用，明确自己的职责，在游戏过程中有目的地对学生施加积极的影响。如丰富他们的知识经验，引导他们的思维，克服困难，解决游戏中的问题，纠正他们的不良行为，培养其健康的个性。我在游戏中进行教育引导时，不能仅仅作为纪律的维护者或规则的体现者，站在他们的游戏之外监督评判其行为，应该注意挖掘游戏中的潜在教育因素，充分实现和发挥游戏的教育价值。

乐于保持一颗童心，善于在某种意义上把自己变成一个儿童，这不但是教育最基本的素质之一，而且是教师对学生产生真情实感的心理基础。于是，在与学生们一起打篮球的时候，在与学生们一起跑步的时候，在与学生们一起玩两人三足游戏的时候，看到他们像花一样的笑脸，我的心醉了……

列夫·托尔斯泰说：“只知道教孩子知识的老师，不是好老师；只会教孩子不知道发展自己事业的老师不是好老师；既知道教知识又知道发展自己事业的老师，才是好老师。”教师不能仅仅爱孩子，还要有教育的技巧。在以后的岁月中，我将继续让每个孩子都有机会栖息在一个灵动的、充满智慧与情感的世界里，让每个个体都能在这样一个世界里获得生命的感悟与成长。做个班主任，真好！

岁月不居，时间如流。转眼间我已在班主任的工作岗位上工作了18

个年头，以“家”文化为基调，以“善”文化为核心的“文化治班”，让我体会到了做一个高贵的班主任的快乐。带着信心上路，使人智慧；带着信仰上路，使人虔诚；带着信念上路，使人坚韧。以后我将带着信心、信仰与信念，努力做一个快乐而明哲的班主任。继续与我现在的和将来的孩子们一起健康、快乐地成长。

理论点评

点评人：孟青泉博士

一、教师成长经历概述

纵观左静菲老师的教育成长史，我们可以看到，她选择教育事业是受到家庭因素的极大影响，同时我们也很庆幸左静菲老师在自己选择的教育道路上依靠自我内驱力，依靠自身的坚持、创新、踏实越走越好，越走越顺利。

根据胡定荣教授关于影响优秀教师成长因素的研究，我们可以了解到影响优秀教师成长的因素包括个人背景因素、后天因素以及某些关键事件。

个人背景因素。第一，家庭环境。左静菲受到哥哥、姐姐们的影响，自小也渴望成为一名教师。胡定荣教授在研究中指出：农村学生选择读师范的比例要高于城市学生，也许只有从小习惯了寂寞和清贫，才能在这种需要高度风险和低物质回报的职业中付出持久的努力。[1]由此可见，左静菲老师教师梦的萌生与她的家庭有很大关系。

第二，教龄因素。胡定荣教授指出：教龄因素对优秀教师成长存在影响。左静菲老师本科毕业后进入康庄中学，做初中教师到现在已有22年的教龄，一位优秀教师的成长需要大量的时间和经验。左静菲老师的优秀教师成长之路离不开22年里她的每一次经验积累和辛勤付出。

第三，学段因素。左静菲老师在初中任教过程中经常融入自己的幼教经验，发挥所学优势，引用到带班中去。如带着学生们同唱一首歌、

1 胡定荣：《影响优秀教师成长的因素——对特级教师人生经历的样本分析》，《教师教育研究》2006年第4期，65—70。

同做一个游戏等，都体现了她融会贯通，学以致用的能力，为她的教育事业打下坚实基础。

第四，后天因素。首先，离不开个人努力。根据左静菲老师的回忆，她读过大量的教育相关著作，潜心研究著作中的榜样、反思自己的教学哪里做得好，哪里做得不好。治班理念从“人治”到“法治”再到“文化治班”的转变，都能够体现出她通过自己的观察和积累不断完善着自己的治班理念。其次，离不开同伴帮助。左静菲老师在成为班主任期间，她回忆自己一直以“三人行，必有我师”来严格要求自己，博众人之长，合成一个更加完美的自己。在初带班时因为掌握不好严慈相济的“度”，而虚心请教经验丰富的老教师，吸取班主任工作经验。除此之外，她还向优秀班主任王文英学习，改变自己的治班理念，与学生共同制定班规。有益的教师内部沟通是促进教师成长的关键，就像帕克·帕尔默在《教学勇气：漫步教师心灵》中提到的，教师群体不能关起门来教学，同事的共同体中有着丰富的教师成长所需的资源，我们要建立持久的教学对话，去好好地利用这些丰富的资源。[1]最后，离不开专家引导。左静菲老师回忆说，自己出生在一个改革开放的好时代，有机会向教育专家和名师学习，从而助力了她的教育成长。

第五，关键事件。所谓“关键事件”是指对教师专业发展起着重要影响的事件，能够促进教师对个人的教育信念、行为进行反思、重组和改变。通过左静菲老师的教育经历，我总结了如下两点可以称为左静菲老师教育转折点的“关键事件”。

第一个关键事件是左静菲老师初次做班主任的那一年，她认为班主任要突出严格，体现“严师出高徒”的形象，所以她从第一年当班主任开始便“铁腕”治班，试图用惩罚和严厉树立权威，但事实却与她设想的完全相反，学生开始怨恨她、畏惧她、躲着她。在和德育处主任促膝长谈

1　帕克·帕尔默:《教学勇气：漫步教师心灵》，华东师范大学出版社，2013，第114页。

后，她才懂得作为班主任应该有包容心、耐心、恒心和信心，真诚对待学生、把学生当作朋友才能使他们从内心真正接受班主任。经过这次畅谈，左静菲老师转变了自己的治班理念，开始走向有爱、有心的付出，打动了班级里的“后进生”，终于形成了敞开胸怀拥抱彼此的良好师生关系。

第二个关键事件是左静菲老师在街上被毕业生忽视。这件事情发生以后她辗转难眠，思考为什么学生在街上不和自己打招呼，反思自己在班级管理中是不是过于重视“法”而忽视了“情”，于是才有了从“法治”向“文化治班”的转变。由此可见，一件很小的事情，在左静菲老师看来都无比关键，学生的一个细微动作都会令左静菲老师进行深入思考，寻找解决问题的方法直至改变现状。

这两件关键事件在左静菲老师的教育历程中是举足轻重的，对她的教育事业有很大影响，更是进行反思、重组和转变教育理念的重要转折点。

二、教师成长过程与教师发展理论的契合点

我们可以从卡茨的教师发展阶段理论来看待左静菲老师的成长，卡茨将在职教师的发展分为求生、巩固、更新、成熟四个阶段。[1]

第一阶段，求生阶段。这一阶段主要发生在任教一开始的第一到二年里。这一时期，教师主要关心自己在陌生环境中的生存问题。2000年，左静菲老师入职康庄中学，起初她对于学校安排的工作很满意，不做班主任，不用带班，不用早出晚归，与学生也没有实质性的接触，有很多自己的时间可以支配。但是，她逐渐产生了失落感，认为这与原来她对于教育的期待有差距，认为自己的工作无法体现一位优秀教师的价值。

第二阶段，巩固阶段。这一阶段主要发生在任教的第二到三年里。这一时期，教师开始有了教学实践的基本能力，并开始巩固所获得的教学经验和关注个别学生。在第一年挫败的班主任工作之后，左静菲老师

1 吕冬梅:《从教师发展阶段理论看教师专业发展》,《亚太教育》2015年第31期，208。

通过德育处宋老师的点拨，逐渐形成了自己的工作方法，她开始试着去了解每一位学生、走进他们的家庭进行家访、组织学生做游戏、开生日会、真诚地关爱着每一位学生。在班主任工作上开始形成自己的工作方法和经验，成功进入巩固阶段。

第三阶段，更新阶段。这一阶段主要发生在任教的第三到四年里。这一时期，教师对重复机械的工作感到不满和厌倦，试图寻找新的方法和技巧。在左静菲老师的从教经历中，她没有抱怨过自己的工作枯燥，相反，我看到她一直在积极改进自己的治班理念，这是她分析学生特点、进行阅读积累和发挥幼教经验的结果。

第四阶段，成熟阶段。这一阶段主要发生在任教的第四到五年里。这一时期，教师习惯了教师角色，能够较深入地探讨一些教育问题。到2018年，左静菲老师说她又迎来了新的班集体，这时候的她早已谙熟班主任角色，"静以求学""竞以求进"的教育理念和治班理念成为她的新指南。这时候的她把自己当作一个领航者、一位老母亲总结出一套自己的教育经验：对学生亲切地称呼，走进学生心灵；和学生同唱一首歌，拉近与学生的距离；和学生共同游戏，感受学生的快乐。

三、启示

童心、爱心、责任心、包容心、耐心、恒心和信心缺一不可

20年前，德育处宋老师给左静菲老师上了一课，今天也给我们广大读者上了一课。一位教师有童心不难，但不一定能够一直葆有包容心和耐心。

包容心就是给学生"犯错"的机会和时间，教师要容忍他们犯错，起到辅助和支架的作用，而不是像刚开始带班的左静菲老师一样，在严厉的监视和约束下，学生只会越来越逆反。耐心则强调教师育人的过程之长，我们需要静待花开，切忌揠苗助长。爱心则强调关爱学生，以朋友、家人的身份与学生真诚相处，敞开怀抱拥抱彼此。信心则强调教师

要对自己的教育充满信心，初带班级会像左静菲老师一样手忙脚乱、用错方法，但不能够失去教育热情和信心，而应积极寻找问题，改变现状。

改变称呼，拉近距离

在读左静菲老师的教育经历前，我没有注意到对学生的称呼能够改变学生的学习态度这个问题。就像左静菲老师说的，喊学生的全名或者用“你”来称呼彼此似乎有些生硬、板正和冰冷，而改变称呼，叫同学的名或乳名会更亲近，无意间拉近了与学生的距离。

学生在感受到教师对自己的亲切和尊重后，将会引起他们的情感共鸣，与此同时产生积极的心理暗示（教师期待效应），从而增强自己的学习热情和内驱力。

终身学习，学会反思，谋求专业进步

对于教师专业发展而言，最重要的是学会学习、学会反思、不断谋求进步。首先，教师不仅要潜心提升自己的专业知识，还要多阅读教育学、教育心理学、班主任工作、班级管理等方面的书籍，汲取书本中的优秀经验，运用到自己的教育实践中。其次，要像左静菲老师一样，时时反思、事事反思，通过成长日记、教育日志等形式记录自己每天的工作，分析和反思哪里做得好，哪里还需要改进。最后，向优秀的教师、同事、专家请教，不做“关起门来搞教学”的人，要积极融入教师群体当中学习他人的长处，为我所用。

学生点评

点评人：梁思敏

生于乡村，家庭熏陶，志在教书。这是我对左静菲老师《静心教书 初心育人》的最深刻感悟。当一个人知道自己想要什么并为之行动的时候，他就不会被这个世界改变，而能改变这个世界。

小学时自由自在的学习生活塑造了左老师全面发展的特征，她在自信中成长；初中便继续追梦，成为幼师；在大专班的学习使她又上了一个台阶；本科她继续努力，不待扬鞭自奋蹄；初为人师时，责罚学生便成为她这样的年轻教师的家常便饭，但随着自身的成熟，她体会到“惩罚”不是万能的，应该更多地给予学生爱与责任，这才是真正的教育。随着责任的变重，琐碎之事也逐渐增加，慢慢地，她产生了自我怀疑，但是人总要前进，老师更要学会自我反思，形成自己的教育理念：爱与智慧交相辉映、严与宽相容并济、民主与科学齐抓并进。当她成为一名合格的老师之后，逐渐意识到成为一个让学生喜爱的老师的重要性，于是她多多读书积累教学经验，让学生共同参与制定班规。她立志最终要成为为党育人、为国育才的人生引路人。

对于班主任而言，首先应亲切称呼学生，走进学生的心灵；其次和学生同唱一首歌，拉近与学生的距离；最后和学生共同游戏，感受学生的快乐。

对她而言，在成为教师的路上，要伴随像种子一样的孩子们发芽开花，同时也要让自己的教育事业之花继续生长，然后去抚育更多的花。

育人，不仅仅是一个用自己的行动帮助学生的过程，更是一个螺旋式上升发展自己的过程。热爱一份事业，那么这份事业就是伟大而神圣的，坚持并完成这份事业，那么你就是伟大的。用爱呵护学生，用爱完成工作，用爱传承事业！热爱各有不同，青年本该如此。每一代逐日移山的青年，都有自己奋不顾身的热爱，每一份炽烈的热爱，都值得被用心对待！作为未来的教师，我的脚步还在前进中！

一位地地道道的山村女教师

北京市延庆区姚家营中心小学
纪会英

一、家庭生活

我出生在北京市延庆区一个偏远的小山村——辛栅子村，距离延庆县城有60多公里。近乎自然、封闭、鸡犬相闻的山村养育了我们这些夜不闭户、勤劳质朴、守望相助的山里人。

我的父母就是这里土生土长的农民，我就是这里土生土长的农家女娃。妈妈在家里五个孩子中排行老大，而且也是兄弟姐妹中最爱读书的那一个，可是由于要帮家里干活儿，妈妈小学三年级都没念完。爸爸在家里五个孩子中排行老二，是男娃娃中的老大，和妈妈的命运一样，虽然他的成绩一直是全班第一，但小学五年级没上完就不念了。那时候都是为了到生产队挣工分，父母才辍学的。于是，父母的读书梦，就自然而然地落在了我身上。

我们的家境比较贫寒，家里有三个孩子。还没上学的时候，妈妈就整天唠叨着让我一定当个老师，在那样封闭的小山村里，人们也不知道具体有什么职业，相对来说老师算是村里人接触得最多的职业了。

二、小学生活

到了该上学的年龄，可学校离我家有些远，而且家里的弟弟妹妹还小，需要人照顾，父母又要到生产队里挣工分，顾不上照顾他们，于是我的上学梦泡汤了。我每天都会偷偷趴在房上，看着同龄人高高兴兴去上学。妈妈看了，常常会无奈地叹气。

一年后，邻村的学校搬到了我们村，我就在村里开始了我小学一年级的生活。由于学校条件有限，学前班、一年级、二年级在一个教室里上课，而且只有一个女老师——代课的郭老师。她留着长头发，是一个特别温柔的老师。她经常会写日记，还会把那些日记读给我们听，她写得那么让人陶醉，那么感人。郭老师可是一个全才，音乐、画画、体育、语文、数学全会教。郭老师教完二年级，给学生布置了作业，就教一年级；一年级学生写作业时，郭老师又教学前班，二年级学生写完作业，她就督促一年级的学生写作业。有时我看着站在教室门口披着长发在夕阳余晖的照耀下周身发光的郭老师，感觉她在我心里越来越高大。“郭老师可真是了不起，什么都知道，什么都会，谁都比不上郭老师！我长大了也要当这样的老师！”我经常这样想。

二年级时，学校搬到了村子对面的影壁山。学校只有两排房子，一至六年级都有，是个完小。我们终于有了一位音乐老师，也是代课老师！我非常清楚地记得，当时电视台正在播放《霍元甲》，一到晚上就会有很多孩子挤到村中唯一有一台小黑白电视的人家观看，也不管人家讨厌不讨厌。音乐老师第二天就教我们《霍元甲》的主题曲：“万里长城永不倒，千里黄河水滔滔，江山秀丽叠彩峰岭，问我国家哪像染病？冲开血路，挥手上吧，要致力国家中兴，岂让国土再遭践踏，个个负起使命。”那铿锵有力的歌声，那振奋人心的豪言壮语，让我不由得对赵老师肃然起敬。

六年级时，学校又搬到了下德龙湾村，这是一所新盖的学校，周围还没有垒院墙，地面也还没有平整完。这个年纪，我已经成为家里的一个小劳动力了。放学之余，我去地里刨红薯，掰玉米，割豆子；上山砍柴，捡柴，砸荆柴疙瘩。总之就是父母让干啥就干啥，从没说过“不”字。

三、初中生活

小学毕业后，初中三年我是在千家店乡千家店中学念的。我也算是挺要强的，作业基本上都是在学校写完的。因为放学回家之后，我还要帮助家里干活儿。有时候，赶上农忙，上学之前还得起得早一点儿，先去地里砍玉米，这样，爸爸、妈妈就可以多剥一点儿。由于时间紧张，有时候没吃早饭就去上学了。从那时候开始，妈妈特别希望我能考出去当一名老师，为我自己，也为她争一口气。

我的二叔和二婶都是千家店中学的老师，我偶尔也会去他们家吃一顿饭。二叔上过大学，在北京市区上的，讲课特别棒，很多人都崇拜他。二婶是教政治的，她觉得我们家有三个孩子，我又是老大，当老师的话上学就有补助，家庭压力会小些，对于我也是很好的职业。所以，初三中考时，我毫不犹豫地报考了延庆师范学校，并如愿以偿成为一名师范生。

四、师范生活

到延庆师范上学，是我第一次走出那个小山村来到延庆县城。延庆师范学校的校训是：为人师表，一专多能。对于我这个农村来的学生来说，把每样课程学好，还真是有些困难，音乐、舞蹈、画画、生物、地理，这些学科我都是零基础。为了一专多能，我便利用很多的时间去练习，考试才勉强得了个优，有时还是良好，尤其是音乐、舞蹈。这里的每一个老师似乎都很有个性，都很博学多识，很有造诣，让我看到了一个不一样的群体！我更加尊重老师，更加崇拜他们！我暗暗下定决心，一定要做一个德才兼备的好老师。

我认真对待每一科考试，哪怕一个舞蹈动作，一条简谱，一个接排球的姿势，我都刻苦练习，每次考试都争取得优！功夫不负有心人，每个月我都能得到一等助学金，就是饭票比别人多几块，这对于我们女孩子来说，一个月就够吃了。学校采用封闭式管理，星期一至星期五没有特殊情况都不能出校门。我家在山区，回家一趟太浪费时间，而且坐公交还要花钱，所以周末我一般不回家。在学校没什么地方可去，我就到教室看书、学习。课余生活，我除了看书就是学习，似乎没有其他娱乐活动，更不会到县城里的商场闲逛。三年就在这样简单而重复的生活中结束了！

分配时，二婶让我考虑留在城区，可我作为一个从农村出来的孩子，就是想回到农村，把自己在师范学到的知识都教给农村的孩子，让他们一个个都像郭老师一样优秀。1993年毕业后，我放弃了保送上大学的机会，毅然回到老家千家店中心小学当了一名小学老师。

五、初为人师，尽力做孩子们的亲人

我走出延庆师范学校的大门，坐上货车，一路风尘仆仆地回到了我的母校——千家店中心小学。回到这阔别6年的学校，面对那一张张质朴的笑脸，我的脸上溢满阳光，明亮的眼睛里充满了斗志与激情。

毕业那年我只有19岁，为了保持“严师”形象，课上我始终不苟言笑。只要往教室门口一站，我就绷着脸，严厉地扫视着每一位学生，学生立刻挺胸抬头。课上我要求学生背着手坐笔直，一扭头说话就扔他一个粉笔头儿，一趴下偷懒就给他后背一讲棍儿，要是全班混乱，那就是打架子鼓的节奏，讲棍儿“咚咚咚”狂敲一阵讲桌，学生立马鸦雀无声。

课后不完成作业，那是不可能的事，不写完作业，放学也不让回家。学生犯错了，我找到家长，家长也会给我们老师撑腰：“老师，没事儿，只要为他好，您怎么教育他都可以。”这更加助长了我的“气焰”。因为严厉，学生们课堂纪律很好，也很听话，所以班级成绩也不错。

我也知道，如果老师教育学生只有严厉的话，那么学生就会怕老师，就会疏远老师；如果老师没有爱心，每天都是冷冰冰的，那么学生对老师、对班级的工作也不会有太大的热情。学生干什么都会像应付差事一样，不会有太大的劲头儿。因此，我时时要求自己对学生要像慈母一样，让他们感受到班级的温暖。在生活上，时时、事事、处处关心他们。天气冷了，我叮嘱他们添加衣服；生病了，我亲自递上药品；衣服撕破了，我帮助缝补；小手皴裂了，我帮助擦上“宝贝”；没吃午饭，我帮助打点儿菜和馒头；衣服破了，我送上我穿小的衣服；我还牺牲自己的休息时间辅导优秀学生考上一中；课下，我会带着学生们一起玩老鹰捉小鸡、跳房子、打沙包，或是坐在教室后门外面的台阶上，边晒太阳边讲故事。

天天和学生斗来斗去，也有过翻天覆地般的强势、专制，也凭一己之力努力地帮助过贫困学生，也不得不用武力的方式征服淘气学生，也用真诚的爱心去呵护处处与老师作对的学生，这点点滴滴的故事，记录着我初为人师背后的汗水和泪水。

六、再为人师，全力做孩子们的良师

家长越来越看重分数，只要孩子考得好，家长就觉得老师怎么管教孩子都值。只要孩子的成绩好，家长就满意，就认为你是个好老师。

2001年，我被调到沈家营中心小学分校任教。我来到这个学校后，随着课改的大潮，随着硬件的不断更新，全力以赴地投入该如何把课上好的研究中。面对那一双双求知的眼睛，我的脸上溢满自信，眼睛里充满坚定与豪情。

我每天花大量的时间去研读参考书，反复朗读课文，一段一段地去分析，研究重点段怎么朗读，有什么句式，用什么写作方法，积累哪些词语，掰开了揉碎了研究，想出来得越多，似乎自己研究得就越深入了。

由于教学内容比较丰富，为了节省课上时间，每天晚上我都会把题抄在塑料幻灯片上，或小玻璃板上，第二天上课时用台式的投影仪打到白色的幕布上，有点儿像现在的实物投影，但抄题板必须是透明的塑料片或玻璃片，这样文字和图画才能投射到幕布上。

我的一天非常忙碌，忙着想自己怎么教，学生怎么学。随着课改的不断深入，教和学的方式也在不断地发生变化。我开始研究大纲，研究快乐教育，到后来研究课标，再到后来研究素质教育。我努力研究教参，研究课文，研究教法，认认真真地备课，仔仔细细地给孩子们上课，用我全部的精力做好孩子们的良师，提高孩子们的成绩。因此，学生们的考试成绩总是名列前茅。

后来，因工作需要，我被调到了沈家营中心小学本部。好多家长到本部去找校长希望我留在分校。当自己被家长认可、被学校领导认可的时候，我感觉我所做的一切都是值得的，我感觉当老师很自豪！

七、如今为师，努力做孩子们的导师

2011年，我到姚家营中心小学任教。随着专业教师的培训，班主任的培训，随着社会的飞速发展，家庭的千差万别，孩子们带着五彩缤纷的底色来到学校，知识多多，才艺多多，个性多多。面对一个个性格各异的学生，我慈祥的脸上溢满幸福，深邃的眼睛里充满热爱与温情。

我所在的小学是一个地处北京西北，在与河北交界处的农村小学，很多孩子的父母都在外打工挣钱，这些孩子跟着家里的老人生活，和留守儿童差不多。由于老人对孩子缺乏管理，孩子和手机成了伙伴，天天打游戏，还有很多孩子胆小，不敢表现自己。由于没有培养出良好的生活、学习习惯，等到五六年级，孩子就不好管了，整天鸡飞狗跳的。家庭因为孩子的教育问题，发生了许许多多的矛盾，而且越来越严重。

作为一名教师，我陷入了深思。我教的学生，不管他成绩如何，长大后应该是那种心向阳光、超越自己、积极向上的人。虽然我的力量是渺小的，但是如果我能影响每一位学生，每一位学生又能影响每一个家庭，那么星星之火就可以燎原。我是这样想的，也是这样做的。

转变农村孩子父母的观念，让他们掌握一些好的教育方法，不是一时半会儿就能实现的。针对这个问题，我努力帮助孩子，让他们接受自己父母的现状，让他们懂得不能仅仅依赖父母，如果今后想要拥有幸福生活，现在就必须种下两颗种子——自主性、自控力。之后，我在班中开展丰富多彩的活动，如厨艺比拼，广场舞大赛，绘画比赛，朗读比赛，美篇存储幸福等，发扬孩子们身上的优点，帮助孩子们成长，让孩子们在超越自我、展示自我、成就自我的过程中感受到幸福。我静下心来，放慢脚步，走进孩子的心里，润物无声，静待花开，看着孩子们悄然地发生了变化。

我努力带好两个班——“学生班”和“家长班”，转变家庭错误的教育观念，传递给家长正确的教育方式，营造良好的家庭文化氛围，为学生未来的发展铺路，帮助学生塑造良好人格，不断走向专业化发展道路。积极引导学生，正向看待家长；全力指导家长，正向关注学生；努力搭建平台，实现双向沟通。主导家庭教育，打造双向发展的家园，助力学生健康成长。

八、我的教育反思

作为班主任，要用专业的知识为引领，以学生终身发展为目标；要了解学生、研究学生；要打造班级、带好班级，为塑造灵魂、塑造生命、塑造人而努力，成为一名合格的班主任！

我认为应该用积极的眼光从正向的角度“关注学生正向资源”，从而开展班级管理工作；根据学生的特点、能力与潜质，用积极的态度看待学生的发展；专注了解、教育与鼓励学生参加力所能及的有价值的活动，善于发掘学生身上的点滴优点，并不断地放大，从而促进学生更好、更健康地发展！

打造全员育场

根据班级学生成长状况、班级状况，确定一个彰显班级个性的主题，挖掘这个主题深层次的文化背景、人文背景，辐射整个班级文化，在这个主题的统领下，设计班名、班徽、班歌、班训、班级口号、班规、墙报、专栏、板报、各项评价、评比活动等，做成班级文化，人人参与，人人熟知，人人践行，就能形成良好的学风、班风。全员参与创建班级文化，可能会遇到这样那样不尽如人意的问题，但班主任千万不要代劳，要给学生时间一点一点商讨，一点一点谋划，并不断完善，这个过程也是学生不可多得的体验与成长的过程。

首先，根据学生期待，明确发展方向。班主任必须彻底推翻原来零散的、不成系统的、没有做深做实的、没有深入学生内心的班级文化。以小组为单位，积极组织学生讨论学生喜欢的班级的样子，然后，总结出大家对于班级的期待。如我所带的一个班级，学生喜欢的班级样子是：勤奋懂礼，团结友爱，努力坚持，张扬个性，不抄作业。

其次，自主创建文化，研讨凝练板块。明确了班级发展的方向后，我会组织学生利用课余时间上网查阅，根据班级期待制作“起班名”手抄报，并说明理由。班名可以五花八门，各具特色。经过小组交流，推举出最能体现班级发展方向的班名，然后由小组推举的代表在全班交流，选出优胜者作为真正的班名。接下来，班级以“班名文化”为主题，班徽、班训、班级口号、班规、班歌、专栏的创设依然要经历自主设计、小组交流、全班交流、集体研讨凝练的过程，最终形成班级文化。整个班级文化，都要同学们经过一次次独立思考，经过一次次交流，经过一次次总结凝练而成。同时，班级文化的点点滴滴也会辐射到每一个学生身上。

然后，动手设计裁剪，粘贴布置板块。根据班级文化，将班级专栏设立三个板块。“自主评比成长栏”是制定好自己夺冠争星的小目标，然后层层评比、晋升，最终达成目标，获得自己设定的奖状奖品；“张扬个性展示栏”主要展示同学自己完成的手抄报、绘画、书法、作文、手工等作品；“集体个人荣誉栏”主要展示集体、个人在各方面取得的荣誉。班级专栏也要全班参与一起商量，一起动手设计。

我所带的班级班名为“春蚕班”，围绕“春蚕文化”设立了三个板块。“自主评比成长栏”为“历经蜕变悦成长”。班中13个同学，就是13只春蚕。蚕一生要经历四次蜕皮，历经磨难，依然执着长大。“张扬个性展示栏”为“吐丝作茧织锦绣”。希望同学们像春蚕一样吐丝作茧，织出属于自己的一片锦绣。“集体个人荣誉栏”为“化茧成蝶脱凡骨”。希望同学们像春蚕一样有化茧成蝶的勇气，最终脱胎换骨，成就自己！手抄报上的每一个文字，每一片桑叶，每一只春蚕，都是同学们自己设计、裁剪、粘贴的，看着自己的劳动成果，他们由衷地说了一句：“老师，只要像春蚕一样全力以赴，我们也会挺好的！”没错，寄托霓裳添秀色，便无双翼也飞扬！

最后，深化班级文化，践行反思成长。班级文化创建完成，它把班级成员的个体利益与班级的荣誉紧紧地联系在一起，打造了一个个人与班级“荣辱与共”“休戚相关”的育人场。为了让班级文化深入人心，全班参与班级文化展演活动，根据专栏组织各项评比活动，并结合班级文化开展各项德育活动，在践行班级文化活动中不断反思成长。

学生们在作文中留下的真挚话语，记录了他们的成长。

小杰：我的成绩不是很好，但纪老师依然很喜欢我。我的语文成绩很差，但纪老师仍对我抱有希望。从此，我走进了语文学习的殿堂，在一次看拼音写词语比赛中获得第三名，我开心得合不拢嘴，因为以前我不会拼音，考试都是零分。

小璇：纪老师，您是我人生中的灯塔，为我指引方向，我愿意追随您，我会更加努力，努力成为我想成为的人，走好我该走的那条路，坚持走下去。我会因您而更加优秀！

小威：这学期我开始走入正轨，没有再像上学期那样死气沉沉的了。每个人都发挥着自己的潜能，取长补短。全班都改变了，我也改变了。老师和每一名同学谈话，让我们每一名同学在生活中一点一点地长大。我也慢慢懂得，每天进步一小点，几天就是一大点，日积月累，我们就会从小苗长成参天大树。

这只是三个学生作文中的片段，这样的作文还有很多。学生们成长了，我也和学生们一起成长了。

助力家长共育

家庭是一个人与社会最早的接触点，是一个人成长的开端。学生在进入社会、独立生活之前，基本上是待在家里的。家庭的教育态度、教育方式和家庭氛围，都会影响到学生未来的发展，塑造着他们的个体人格。社会的变迁和文化的多元，使大多数的家庭变了模样，对学生身心健康的发展关心不够或者显得力不从心。有的家长望子成龙，只看成绩，忽视品格素质的教育；有的父母忙于生计，无暇关注孩子的全面发展；还有的父母或家庭成员，因自身修养很差或行为不端，直接影响到学生个体的发展。家长的家庭教育能力跟不上现代学生的发展，不能帮助学生正确地认识自己、认识世界和认识生活。

有问题的学生来自有问题的家庭，因此，随着社会的不断发展，学生的竞争其实就是家长的竞争，正所谓“家长好好学习，孩子天天向上”，作为班主任更应该认识到这一点，用自己的专业知识指导家长更好地进行家庭教育。

第一，做好育人引导，找到家育策略。班主任要帮助学生、家长进入良好的交往情感状态，帮助他们过滤掉不良交往方式，观察、了解他们的互动情况，及时地、有针对性地进行引导点拨，从而帮助他们掌握交往策略，建立良好亲子关系。

首先，对家庭教育进行问卷调查，在前期分析班级情况调查问卷的前提下，及时利用班会课的时间，告诉学生其家庭教育呈现出的不理想状况，表明自己的担忧，询问学生是否需要老师的帮助来建立良好的亲子关系。

其次，收到学生的积极响应和求助后，让学生充分交流自己对家长教育方式不满意的具体事例。有的家长，孩子不听话就骂一顿；有的家长，孩子不听话就唠叨他不如别人；有的家长，平时不闻不问，只要一考试就指责一堆；有的家长，干脆什么也不管，把孩子丢给长辈们；有的家长，孩子要是干自己喜欢的事情，如炒菜、编织，他就阻止，认为孩子不学无术等。学生们有越说越生气的趋势。此时，班主任站在旁边时不时地重复一句、半句，表示对学生的理解。接着，和学生们一起分享视频《志成学子之歌》，了解国家对现代学生的希望。之后分析家长这么做的原因，让学生们知道家长是非常爱他们的，希望他们比任何人都优秀，只是爱的方式不对，缺乏养育策略。

然后，组织学生们召开“感恩父母”班会，让学生们体会父母的含辛茹苦，体会他们的伟大无私，学会遇到问题如何与父母巧妙沟通。

最后，组织家长会和家长交流“如何建立亲子关系　促进孩子健康成长”“正向关注　为孩子打造一片明亮的洁净天空”，让家长知道他们在学生心目中的形象；如何关注学生努力的过程而不是只关注成绩；如何营造良好的沟通氛围，做到先管理情绪，再解决问题；如何做到正向关注学生，静待花开。

在双方积极的沟通中，学生们慢慢地发生了变化。班里有个叫小杰的同学，父母在外打工无暇照顾他，经过沟通，小杰理解了父母在外打工的辛苦以及对自己的思念，还有为自己攒钱使自己能更好生活的良苦用心，于是不再怨恨父母不陪伴自己了。

第二，做好育人服务，提供家育资源。班主任要为学生、家长提供丰富的学习资源，为学生、家长提供解决问题的方法策略，全心全意为学生、家长服务，从而帮助他们建立良好的亲子关系。

定期和学生们一起有选择性地学习国学经典《论语》，体会一个人从个体的“说”，到集体的“乐”，再到社会自我形象的展现，如何完成自我的觉醒，在家如何做一个好孩子，在学校如何做一个好学生，在社会如何做一个好公民。定时和学生们一起分享《我为父母点赞》，激发学生爱父母的情感。

坚持每个星期找三位同学聊天，坚持每个月普聊一次，主要交流班主任发现的学生身上的闪光点，以及学生愿意与班主任诉说的家庭烦恼。慢慢地，胆小、偏执、较真、暴躁、自私的学生有了明显的变化，他们开始学会控制自己。平时，遇到学生存在的问题及时和家长沟通，与学生、家长一起商讨改进的方法，逐步改进。对于长期不在家的家长予以沟通并达成协议，尽量每一天或两天和学生进行通话，问候问候学生，关心关心学生，让学生谈谈自己在学校发生的事情并给予鼓励。

此外，充分发挥班主任的学习平台的作用，认真学习班主任带班育人策略，认真记笔记，并把好的经验分享给家长；把平台里面“家长课堂”的链接分享给家长们一起学习、交流；把好的教育公众号，如“教育大家庭”“镇西茶馆”推荐给家长；还把自己看到的好文章、小视频及时分享给家长，从而促进家长转变教育观念，建立和谐亲子关系。

我相信，只要班主任乐此不疲地走在助力家庭教育的路上，学生就一定会改变，家长就一定会改变，我自己也一定会改变。

激发学生自育

自我潜能，是一种对外界刺激感应很敏锐的东西，它一旦被唤醒，就需不断地教育和鼓励，诚如有音乐、艺术天赋的人必须注意培养和坚持一样。只有了解自己而且内心充实的人，才能达到充分发挥个人潜能的目的。班主任明确学生需要层次，关注正向资源，积极发挥集体效能，更容易激发个体潜能，从而使学生们历经蜕变，悦纳成长。

第一，争星夺冠评比，培养自主学习。

要想培养出成功的学生，我们就需要培养学生身上的两颗种子：主动性、自制力。为此，班级“自主评比成长栏”中，学生们根据自己的真实情况设立争星夺冠目标，通过个人打卡考查诚信，小组打分考查参与，教师检测考查效果等方式，结合小学生评价手册、学校日常行为评价，层层晋级，一级评比够10颗星，晋升二级1颗星；二级评比够5颗星，晋升三级1颗星。当三级有1颗星时，就可以在合理范围内向老师提出自己希望得到的小奖励。学期末，集体核对自己设定的目标，全班达成一致意见，每达到一项得一张奖状。为此，学生们学习开始有了主动性，写作业不再拖拖拉拉，有很多学生开始放下手机爱上读书。

小杰设定争星夺冠的小目标是：每天打1小时游戏，争取听写及格，语文考试及格。为此，他挣扎了10多分钟把手机上的13款游戏删到只剩下2款，由原来每天打游戏五六个小时，到后来的两三个小时，再到后来的一个小时；能积极完成作业，不会的就找小组里的成员问，在语文课上成了小组核心发言人员，数学课也开始偶尔回答一两个问题，英语课虽然很费力，但也能在组员的帮助下一逗一顿地读。他在班会上铿锵有力地说：“老师，我感觉到了，坚持就能遇见更好的自己！”说话时脸上充满了自信。

第二，创设自管体制，培养责任意识。

根据学生人数设立班级服务岗位，每人一岗，人人有岗，人人有责，岗位按月轮换，培养我为人人，人人为我的品质。班主任重点培养班长，让他学会管理一天的日常事务；培养小组长，让他们学会如何开展小组合作，负责一切日常学习活动；培养劳动班长，让他们管理好一天的环境卫生。班主任只是“袖手旁观”，偶尔给予必要的点拨，这样班干部的工作能力就得到了锻炼，班主任就可以从班级日常管理中解放出来，更好地学习和策划有关班级发展的活动。班级举行各项活动时，无论班主任在或不在，都能有条不紊地开展，增强了学生的责任意识。

小杰应聘了我们班的劳动班长，借学校的支架长梯把教室能擦的地方都擦干净了，就连电风扇上的灰尘也不放过，拆下来擦干净重新组装再安回去；男厕所卫生每次都是他亲自带队打扫，生怕不干净；垃圾箱也是他亲自负责；每天都看着值日生打扫学校的门面——甬道。

第三，搭建多元平台，激发个体潜能。

为学生们搭建多元成长平台，让他们认识自己，了解自己，激发个体潜能。有QQ的学生，学会通过QQ空间晒自己；利用“小打卡”程序，开展主题打卡活动；创建班级日志，学生主动申请轮换写日志；利用好黑板报、墙报展示自我；认真搞好行为评价手册、日常行为评价表活动；搞申报展示加分活动、阅读打卡活动；利用班会培养主持人。学生积极参与这些活动，锻炼了能力，超越了自我，变成了最好的自己。

小杰每次都会主动承担小组汇报演示文稿的制作工作，而且还学会了用无人机给全班学生录制视频。

通过这样一系列的活动，学生不断地发挥自己的长处，从而获得成就感、幸福感！

坚持导师心育

随着年龄的增长，学生的独立性和评价能力也增长了，他们不再无条件地服从、信任教师。随着学生逻辑思维的逐渐发展和辩证思维的初步发展，自我意识更加强烈，他们不仅逐渐摆脱了对外部控制的依赖，逐渐发展了内化的行为准则来监督、调节、控制自己的行为，而且开始从对自己的表面行为的认识、评价转向对自己内部品质的更深入的评价。作为班主任更要以学生为主体，发挥人生导师的作用，帮助学生完善自我，形成正确的人生观、价值观、世界观，使他们破茧成蝶。

第一，定时心灵铸魂，培养爱国主义精神。

作为班主任要明确培养什么样的人，怎样培养，为谁培养。为学生们提供心灵的加油站，定时做好铸魂工作，培养学生们的爱国主义精神。

定时和学生们一起分享国家重大政策和国家领导人的重要讲话，体会生在中国的幸运；分享国家重大活动和焦点新闻，体会中国的繁荣；分享国家取得的重大成绩，体会祖国的强大；分享为国家尽心尽力的榜样，体会爱国之心。让学生们通过关心国家大事，明白自我价值，激发热爱祖国的民族自豪感，自觉维护国家尊严。

第二，及时心灵纠错，谨防剑走偏锋。

班级日常生活都是些鸡毛蒜皮的小事——班级管理问题、学生交往问题、个人情绪问题等。遇到问题，班主任就要及时帮助学生为心灵纠错，谨防学生剑走偏锋或留下积怨影响学生未来发展。在日常生活中，班主任要积极观察学生的动态反应，通过学生的言行，深入学生内心去体验学生的情感思维，借助知识和经验理解问题的实质，合理地运用共情、分析、解决、支持等方式教给学生处理问题的方法，从而挖掘学生身上的优点并帮助其自我肯定，积极正向地鼓励学生，避免负面打击，帮助学生成长，勇于面对困境。

小杰原来是一个冲动的孩子，踢足球时别人没有遵守规则，他就抱起足球拼命去砸对方的头，看到别人违反纪律，他就会出言不逊或大打出手，再加上他学习成绩不好，导致他在班里没有朋友。经过不断沟通与引导，他渐渐变了，能积极帮助同学，每次社会大课堂都会带很多好吃的分享给大家，主动帮我背东西，负责组织纪律，还被评选为班级的升旗手。

第三，稍作心灵休憩，享受幸福生活。

学生每天都处于紧张的学习和忙碌的学校活动中，班主任要偶尔让他们停下脚步，为他们提供心灵休憩时间，去享受生活，这样可以使他们在前进的路上走得更加轻松愉快。班主任要经常从网上找一些有意义的心理游戏和大家一起做，经常找一些有意义的小视频、电视节目和大家一起观看，在欢声笑语中大家自然而然地交流自己的想法，探讨人生的真谛。

小杰开始爱上了拍照，周六日经常和同学去村里四处走走，拍一些美好的图片，配上文字，发到朋友圈，还会晒一晒自己生活中有意思的事。他的脸上不再阴云密布，而是绽放出了笑容。

总之，教育在我看来，就是正向关注，陪伴试错，帮助成长，静待花开的过程。班主任的工作是伟大的，因为他把未来作为自己的创作蓝本，因为他把学生心灵作为自己的塑造对象，因为他是引领学生走向成功、走向幸福的人。因此，在工作中，我要努力做一个有教育情怀、专业理性、实践智慧的班主任！

九、我的教育期望

因为我是在农村长大的，对农村有着特别的情感，心里从来没有向往到大城市生活。我只想在学生心中种下爱祖国、爱家乡、爱生活的种子，等他们长大后，不管在哪里工作，心里会想着家乡的这点事儿。我只想让家长知道：自己人生的黄金时间都是陪伴孩子度过的，只有坚持陪伴孩子一起成长，学会储存幸福，才能使孩子赢得未来人生。

我，就是这样一位扎根乡村教育事业地地道道的农村女教师！我想说，青春无悔！

理论点评

点评人：张晓龙博士

读完这篇文章后，我印象最深的是纪老师强调自己的地道、山村、女教师，且在文末再次强调自己不爱城市爱山村的浓烈乡土情怀。一位坚定的山村教育的守望者跃然纸上，她守护着对山村的爱，将山村的未来寄托在学生身上，皆因为那里有她的初心。

农耕文化孕育出的简单、亲密的人际关系塑造了她“助人为乐”的信念和行为。干农活儿、视村民为家人的邻里关系是天然的德育大课堂。正如维果茨基的社会文化理论提出的：成人和更老练的同伴能帮助儿童娴熟地从事具有文化意义的活动，所以他们之间的交流就成为儿童思维的一部分。一旦儿童把这些对话的本质特征加以内化，他们就能应用那些人的语言来指导自己的思想、行为，并学习新技能。[1]纪老师通过“与更有知识的社会成员的对话”[2]，完成了生命之初的思维和行为定型。

勤劳是纪老师身上一种突出的品质，这是其童年的生活环境所给予的。困窘的家境之下，她将劳动看作帮助家人的必需和责任。虽然生活的拮据、父母辛苦的劳作都使她必须勤劳，但她自身坚韧的性格特征是其勤劳的关键因素。

要强，是纪老师的关键个人特质。从决心改变自己和家庭的命运，再到改变家长、学生的思想，要强直接让纪老师成长的困境转变为磨炼她成长的训练场。要强的纪老师人生目标锁定了“当老师”。重要他人的叮嘱在纪老师的童年种下了“当老师”的种子。“披着长发在夕阳余晖的

1 Berk，L.E. (2003).Child Development.Boston，MA：Allyn and Bacon.

2 Rowe，S.，Wertsch，J.V.，& Kosyaeva，T.Y.(2002).Linking little narratives to big ones：Narrative and Public Memory in History Museums. Culture & Psychology，8(1)：96-112.

照耀下周身发光的郭老师”让她想要成为像郭老师那样的老师。这些带着强烈情绪色彩的信念在纪老师幼小的心中播下了一颗种子——当老师。

纪老师主动放弃上大学的机会令人心酸，但纪老师没有抱怨，毅然决定回到山村，去教农村孩子。牺牲背后固然有家庭和文化的因素使然，但她希望农村孩子不要像她一样没有远大的目标，应该像郭老师那样优秀，也许这才是她甘于牺牲的更重要的原因。她自认为“没有远大的目标”其实是面向未来的伟大目标的通俗表达。

纪老师的经历让我们看到对“好老师”的认识是一个不断升级的过程。她最初的认识是“只要成绩好”。随着教学实践的深入，发展为“我教的学生，不管他成绩如何，长大后应该是那种心向阳光、超越自己、积极向上的人”。可见老师的专业信念是实践中逐步升级的过程。从一个要强的山村女孩儿，成长为一位优秀的班主任，纪老师对教育的认识更系统化，教育方式更丰富。

对乡村文化的强烈认同给予了她要强、坚韧的个性和清晰的职业规划、明确的工作机会等。这些收获带来了积极的体验，又进一步坚定了她对乡村文化的守护。这构成了一条积极的人生回路，推动她成为一位积极守望山村的女教师！

守，是对初心的不忘与坚持；望，是对未来的期许与设想！向纪老师学习，守住人生的初心之乡，望向教育的致远之向。

学生点评

点评人：肖莹雪

阅读完《一位地地道道的山村女教师》这篇文章，我产生了很多感悟，对山村教师也有了自己的理解，明白了山村教师存在的意义。

纪会英老师的家庭学习氛围很浓厚，她的母亲就很喜欢读书，但是迫于当时的家庭条件而不得不放弃学习，于是，纪会英老师从很小的时候就知道学习的重要性，珍惜能学习的每一分每一秒，深知学习是改变命运的唯一途径。另外，在她的小学学习生涯中，她的老师给了她很大的影响，代课的郭老师给纪老师的印象不仅十分温柔，而且是一个全才教师。郭老师在纪老师心里的形象随着相处时间的增长而越来越高大，她不禁从心里生出了希望成为像郭老师一样的教师的愿望。成为一名教师不仅是纪老师的理想，家里人对纪老师的期望也是如此，在这种环境下，纪老师毫不犹豫地报考了延庆师范学校，并以优秀的成绩被录取。

在师范学校的生活无疑也给纪老师未来的教师生涯打下了坚实的基础，在校期间，纪老师谨遵校训：为人师表，一专多能。从农村出来的纪老师，在这里认识了许多有个性的老师，他们的博学多识让她敬佩，开阔了她的眼界，她更加尊重老师这一职业，下定决心做一名德才兼备的教师。虽然对于没什么基础的纪老师来说，学好每门课程十分艰难，但她会花很多时间去专攻薄弱的学科，认真对待每一门考试，哪怕是一个舞蹈动作，她都会认真对待，也是因为这严谨的学习态度，她的成绩名列前茅，甚至得到了保送首都师范大学的名额，但是她毅然选择回到家乡，当一名农村小学的教师，也是从这里，纪老师开启了她的教师之旅。

尽管已经成为教师，纪老师仍然在不断地充实自己，认真对待课堂，每天花大量时间去研读教材，一段段地进行深入分析，提前练习板书。纪老师的这些课前准备都在告诉我们，教师应当在学习之路上永无止境地前进，教书育人的前提是我们腹中有书，尽我们所能为学生提供我们所知道的知识，以培养学生具备终身学习能力为最终目标。同时，也要尊重学生的想法，帮助学生树立正确的价值观、人生观。

纪老师对于乡村教育的热爱令我十分敬佩，她人生的大部分时间都无私地奉献给了学生和乡村的教育事业，并且为之感到十分值得与幸福。她的这些做法对我今后将要面对的教师生涯起到了重要的引导作用。

每一个遇见都有光

北京市延庆区第三中学
王俊芳

我生在农村，长在农村，毕业后回到家乡，成为扎根家乡教育的一名教师。

让我走上教育之路的是爸爸，是他在我懵懂时为我指明方向；在教育路上鼓励我坚定前行的是谢秋汇校长，是他让我敢于面对教育中的困难；在教育教学上鼓励我不断学习提升修养的是辛计伏老师，是她让我在教育舞台上更加自信；给予我包容和理解的是我的学生们，是他们让我有勇气在班主任这条路上继续前行。工作22年，和孩子们相遇，并且在一起打拼上千个日子，这是一种莫大的师生情缘，让我工作起来充满力量。正如丁榕老师所说："我用心爱着学生，学生也会回馈我一颗颗闪亮的心。"

一、好好念书，考出去

妈妈说，我出生时是脚先出来的，接生婆是农村的赤脚医生，美其名曰"脚踩莲花"，还说是个好兆头，殊不知那其实是难产。虽然我是经历难产而降生，但我四肢健全，身体健康。我的父母在家里都是老大，所以我在孩子辈中也是老大，爷爷奶奶对我甚是喜爱。妈妈说，我九个月就能说话，见着我的人都说我聪明。

我从小就下河抓鱼，去地里挖菜喂猪、喂鸡，也说得上能干，家里靠种地维持生计，我很小的时候，就去地里帮妈妈干农活儿，妈妈除草，我往外抱草，那时个子小，脸经常被棒子叶拉出一道道小口子，汗一出来，杀得伤口火辣辣地疼。由于我太小了，半天下来，我就累病了，在奶奶家躺了两天，一直起不来床。爸爸一向不爱说话，见到我这样，就跟我说:“好好念书，长大考出去就不用下地干活儿了。”

我能够当上老师，有一份稳定的工作，多亏了爸爸。我家就是普通的农民家庭，父母都没有工作，但很重视对我的教育，支持我读书，总对我说“好好念书，长大考出去”，但小时候我对这个“考出去”并不理解。直到大姑家的表姐考上了师范学校，毕业以后能当老师，让我觉得特别好。于是，初中毕业我就报了师范学校。现在想来，当时说的“考出去”，其实就是有一份工作，不用下地干活儿。考上师范学校改变了我的命运，也逐渐改变了家里的情况。

二、知识改变命运，懵懂中找到方向

我是在村里读的小学，一年级的赵老师特别厉害，他具体教什么的我已经忘了，就记得我拿板擦打人，被他罚双手举过头顶，蹲马步罚站。四年级时，教我们的是刚毕业一年的曹老师，现在我还记得，如果不是她那天让我给她送书，我可能根本不会发生那么大的转变。从那时起，她经常会问我课上讲的数学题会不会，或让我背刚学过的诗，这让我感到很拘谨，生怕挨老师批评，不过我也发现，原来老师在课间的时候也在关注学生。于是我就渐渐地学会了听讲，知道上完课要复习，当我将学过的知识都掌握时，我总会信心满满地走进办公室。在曹老师对我的关心询问下，我开始知道学习了。长大以后当了老师才明白，曹老师让我给她送书，实际上是在督促我学习，她是通过这种方式鼓励、约束、引导我。现在我也会利用一切时间和机会，与学生多接触、多交流，通过不同的教育措施鼓励学生，我想这就是曹老师带给我的成长，因此，我相信，教师的力量是巨大的，大到可以改变学生的命运。

升入中学后，我决定认真读书，第一次考试居然考了班级第一，妈妈第一次开家长会就受到了表扬，觉得我挺争气，鼓励我“好好念书，考出去”，从此，我被列于好学生行列，建立了学习的信心，开始爱上了学习，初中三年，我几乎利用一切时间学习。初一那年的秋天，我在院子里一边敲葵花，一边背“光合作用”；晚饭时，我坐在窗台上一边吃着妈妈蒸的韭菜馅包子，一边看着数学考卷的错题；把文言文写在用挂历剪成的小纸条上，装在口袋里，随时拿出来看看；晚上电视里播报《新闻联播》时，我在历史或地理图册后边的空白处，记录主持人的播报，这也为我上大学能具体全面地记笔记奠定了基础。1994年我初中毕业，以540分的成绩考上了延庆师范学校。

由于我一直觉得念了师范就会有工作，所以进入师范后，便不把学习当回事儿了。那个时候的班主任张艳春老师找我谈话，了解到我因为没有目标而迷茫，用最简单的话告诉我“你为我学习吧”，我觉得很惭愧，于是开始学习。

临近毕业，遇到师范专业升学改革，可以在校集中学习，通过成人高考，升入首都师范大学的大专班；也可以选择直接分配到小学；如果自身条件好，还能择优保送。我是被保送到北京青年政治学院读的大专。

到北京青年政治学院念书，让我看到了更多积极向上的同学，他们每天忙于学习、锻炼、发展，看上去都很有自己的规划。这时，班里有的同学开始报成人自考，我也不满足于自己的学历，在1998年9月正式开始了成人自考之路，那一年的学习，让我真正体会到了什么叫自学。每天晚上，室友都休息了，我还在借着月光看白天写的知识卡片，然后在脑中复习回忆；有时，熄灯后，我也会和好友张晓娟一起在楼道看一会儿书再回宿舍休息；早上又早早起来，到校园里看书、背知识点。大学第二年是我学习最刻苦的一年，那一年，我通过了5科成人自考科目，也是在那一年，我形成了一套自己的学习方法，在以后的学习中，令我颇为得意。

三、在工作中收获幸福

回到家乡，母校助我羽翼丰满

初为人师，面对乡亲，我把学生当亲人呵护。

1999年7月，我毕业后就回到家乡延庆，分配到母校——康庄中学，既能工作，又能更好地照顾家人。工作至今，除了休产假，我没离开过教学一线一天，没有停过班主任工作一天。

刚参加工作时，我会想，如果不让我当班主任是不是证明我没能力？我带的第一届学生是初一（6）班。我工作时分外真诚、细心，每天早出晚归，就怕学生调皮捣蛋惹是生非，班级管理体现得淋漓尽致，每天课间、中午都窝在班里，一边看着学生不惹事，一边检查学生背知识点、写作业，除了语文学科，其他凡是能检查背诵的学科，我都查。那时真是较真儿，学生背不下来，放学后还把学生带回家背，就这样磨来磨去，师生关系倒很融洽，一直带完初三。我老叔家的儿子就在我的班里，每天看着他，我觉得我教的这些学生也都是我的亲人，他们和我这个弟弟同龄，在相处中，我就把他们当弟弟妹妹教。课上我希望教会他们知识，课下我真诚地去帮助这些孩子，就是一个姐姐对弟弟妹妹的关心、帮助。今天谁没吃早饭，我就买来些火腿肠给他吃，我就当是家里弟弟没吃饭，我得给他买点吃的；弟弟上课不好好听了，我这当姐姐的得负责，得提醒他。这种对学生最本质的关心，可能超出了老师的情感，但我觉得自己只是在做好本职工作，在尽自己之力建设家乡。

转变思想，培养班干部建设班级

2002年我担任年级组长，管理8个班300多名学生，还要任初一（1）班班主任，感觉有压力却又充满斗志。校长曾说我一个人能顶一个小学校的校长了。工作管理难度突然增加，有些手忙脚乱，顾此失彼。于是我开始思考怎么才能从班主任角色当中脱离出来。年级、班级工作我无法面面俱到，只能以年级建设为主，那班级怎么办？于是我决定培养出一些给力的、懂事的、有条理的班干部，有的事就得甩手让学生来管理。没想到，这些学生能力非常强，能处理班级大小事务，能解决学生矛盾，还能组织班会活动。后来我思考，只有让学生充分发挥主体作用，才能让班级更有组织、更有活力。班主任做一个聆听者、旁观者，看似脱离了班级管理，但是能让学生自己把班级建设起来，敢于在活动中行使职责，发挥能力，增强责任意识。这三年，我的班级管理理念发生了转变，由自己全权负责到逐步放手，培养班干部建设班级。教师起引导作用，发挥学生的主体作用，让我在以后的班级管理中事半功倍。年级组长工作也挺累，起早贪黑，但跟孩子们在一起心里很快乐，看着孩子们积极健康成长，我觉得当老师挺幸福的。

在康庄中学的5年里，我知道了作为老师要关心学生生活冷暖，引导学生正确的行为方式，这些孩子就是我的亲人。对于知识的学习，根据他们不同的接受水平，力求达到相应的掌握程度，我希望学生在校能最大化地掌握知识，这是我作为教师，为家乡的孩子们所负的基本责任。

离开母校，在班主任的路上逐渐成长

2005年7月，我调入延庆三中工作，在三中的10年，是我成长的关键时期。在班主任工作方面，我三次获得八达岭长城杯优秀班主任荣誉称号；获得区级、市级学生喜爱的班主任称号；获得北京市紫禁杯优秀班主任一等奖、特等奖；参加全国班集体建设研修，做大会主题演讲，获全国一等奖；还获得以魏书生老师命名的“书生杯”。所带班级获得区级先进班集体、书香班级、市级先进班集体等荣誉称号。每年我都会获得不同荣誉称号，校级优秀教师、优秀班主任、师德标兵、骨干教师、优秀党员，还获得过学校的嘉奖，近两年还被评为区级优秀教师、优秀党员。可以说，三中给了我作为教师、班主任所能获得的全部荣耀，我唯有敬业奉献才能报答毫厘。

榜样激励我前进

至今我还记得一直坚守在教育一线直至退休的王树侠老师。工作的劳累让她的颈椎、脊柱严重变形，严重的腰椎间盘突出让王老师不能坐下。但对于学生的教育辅导她从不懈怠，每天她都会早早进班，逐个检查学生背诵默写；犯颈椎病时，她就趴在沙发上为学生批改作业；颈椎病严重时，抬头都很难，她就把一个小方凳放倒，坐在铁架上，下巴抵在桌面上继续工作。就是在这样的情况下，王老师依然执着地陪伴学生，直至退休，是我校目前唯一一个，在一线工作到退休的教师。每当我工作疲惫劳累时，王老师仿佛就在眼前，坐在低矮的小凳上工作着。敬业奉献无须言表，我能在教师生涯中遇到这样一位老师倍感幸运，是王老师让我看到了实实在在的敬业爱生，从此，我知道了关心、奉献、爱从来都不是抽象的词语，我在用行动诠释教师之爱。

2008年，我开始参加延庆第一届班主任基本功大赛。初出茅庐的我，对如何参赛一无所知，这时候，我遇到了班主任工作生涯中的贵人——辛计伏老师，辛老师当时是中学班主任的研训员，关心班主任成长，专业知识丰富，为人真诚热情，工作一丝不苟，是辛老师指引我在班主任工作上由青涩到成熟，由不知所措到心中有丘壑。认识她的13年来，辛老师把我从一个普通的班主任逐渐培养成北京市骨干班主任。每一次活动、每一次参评，辛老师都不辞辛苦、不厌其烦地为我改发言稿，分析参赛要求、指导我的肢体语言，是辛老师一步步的引领和锤炼，让我有了今天对班主任工作的胸有成竹。

离开乡村，摸索新的学情，探索个别生教育

刚调到三中工作的时候，有一种我不如人的自卑和慌乱，由于性格要强，我总希望把工作干好，越是不想出问题，问题就越多。城里的学生不像农村学生那么朴实，老师说的话也不再那么好使，出尔反尔、言而无信成了个别生的常态，屡教不改就总得教育。

初到城里工作，第一次感到心理上的煎熬。我们班里边有个自称“二小老大”的男生，有学生跟我介绍说他爸当过兵，由于他不听话，他爸就拿椅子摔他，我也曾亲眼看到他因头发不合格，被妈妈扇耳光。看到孩子的日常表现和家长的态度，我开始思考如何做个别生的工作。遇到所谓的个别生，怎样交流，怎样引导，成为我经常思考的问题。

成长的过程离不开学习，2012年，北京市积极心理大讲堂活动让我受益匪浅，让我学会从学生视角出发看待学生问题，与之产生共鸣，同时又能跳出学生视角，站在教师角度引导学生。

我总是和同事说：如果真心想帮助学生，就和他好好谈；如果批评一个学生就要让他知道错在哪里。其实这就是教师的语言艺术。曾经，有时我批评完一个学生后，心里会暗喜——终于让他无话可说了，终于让他知道犯这个错误的严重后果了，甚至学生也会在后来对我说：“老师，本来我觉得没多大的事，怎么让您一说这么严重。”那时的我不懂批评的方法和作用，通过学习我才意识到我犯了一个教育大忌——好心办坏事。批评应该只批评行为，不批评人格。教育是需要有一个过程的，不必立竿见影，不必急于求成，不必药到病除。

中途接班，真正走进学生心里

我做班主任工作，说不清是辛苦还是快乐，是愤怒还是幸福，每天都在傻乎乎地干着。作为一个班主任，同行认为我有着很多的奇招、妙招，我也干得不亦乐乎，就这样一直优哉游哉地工作着。2011年，学校让我中途接班，我成了一个没有接班经验的“新班主任”。那年夏天，遇见那群孩子，让我平静的班主任工作频生涟漪，这也成了我班主任工作中的关键事件。

初二第一次期中考试，我们班标准分竟然排在第一，有幸带这样一个优秀的集体，我和同事很是炫耀了一番。日子就这样一天天幸福地过着，同学们很听话，违纪现象极少，班级日常工作有序进行，检查评比都名列前茅，没有什么事情需要处理，以至于我那些奇招妙招都无用武之地。偶然的一天，一位同学想要找我聊聊，由于时间的原因没聊成。直到运动会那天，我终于满足了他的心愿，他向我和盘托出了他及同学们对我的不满，现在想来依然让我很尴尬。他告诉我，班里同学表面对我很友好，其实背地里都在骂我，甚至在组织“起义”，准备联名到校长那里罢免我；说我不会微笑着面对他们，处理问题很严肃，原来学生犯错误老师就是说说他，最多写个保证，如果有学生中午打篮球上课迟到，老师会说“下次早点，勇士们”，而我都会严肃地让他们到操场跑圈。

后来，我又知道了一个让我觉得很冤枉的消息，班里的同学们一直以为是我把他们以前的班主任给挤走了，所以总是捣乱，好让学校把我换掉，让他们以前的王老师重新回到他们身边。于是，我经过深思熟虑，开了几次班会，让学生们了解实情。经过几次班会沟通，学生们似乎成长了，过了不久，那个大男孩又来告诉我，同学们背地里骂我的少了，当初的“起义”者也组织不起来了，我知道，孩子们幼小的心灵在艰难地成长，他们逐渐学会了适应，学会接受一个他们讨厌的人。

时至今日，当时的情景都历历在目：每天一打开班里的多媒体设备，原班主任王老师天使般的笑脸就充满全屏，一句“我们永远等您回来”的英文赫然出现在屏幕上，这一张简单的图片包含了同学们多少心思！那年元旦，我送给同学们一份礼物——《一起走过的日子》。我从学校的电教资料室找到了原班主任四节课的视频，做了剪辑，送给学生一段15分钟的短片，同学们静静地看着，笑着，哭着。我不想知道会有什么后果，只想满足孩子们的那份依恋和守望。2012年开学，那个大男孩告诉我，这部短片帮我收买了人心，很多人竟站到了我这边，包括那时反对我的学生们。其实无论老师是谁，疼爱孩子的心都是一样的。慢慢地，我身边的女生越来越多，和我说学习，找我倾诉烦恼，孩子们有什么事都想告诉我，不分好事、坏事，哪怕是恋爱了，都想让我听听，而我也欣然地倾听着，继续优哉游哉地干着。

那年期末，我有些想调动工作的想法，班里一个女孩写信说：“如果我挽留您，您可不可以留下?”我无言。那个小女孩总在对我说：“啊，王老师，我太佩服你了，你也不厉害，但是老尤那么能说，怎么到你这儿就没词了呢?”期末的时候，有3个班级的班主任有变动，学生们自然情绪低落，而说到我们班的班主任没变时，教室里响起一阵热烈的掌声，我甚是惊讶，实在搞不懂他们是想换掉我还是想留下我，不过在最后的年终考核中，我竟被评为优秀，这是由学生们打分，只有学生满意我才有资格接受进一步考核，而他们对我的评价应该是“满意”或“非常满意”。难忘那个家长会，我让家长写建议。一个家长一边抹眼泪，一边写道：“没有换掉班主任，是我们最高兴的事。”而第一次的家长会，我记得这位家长给我写的是：“您了解××（她的儿子）吗？您和他交流过吗?”看到家长的认可与支持，我觉得工作有了动力。

第一次中途接班工作结束了，孩子们进步了，我也学会微笑了，本着真诚关爱，用心服务的原则，我赢得了学生、家长的尊重和信任。人生最长不过30000多天，作为教师，在我们的两点一线间，善待我们的学生，就是善待我们自己。挑战一下，其乐无穷。

由刚到柔，发挥集体教育优势

2021年9月，毕业10年的学生如约而至，他们每年的这个时候都会回到三中与我一起过教师节，一起重温我们在一起的日子，那天，班长说：“我计划把同学们都找回来，利用一个周日，让您再给我们上一次班会。”他说，“其实，您说的道理，我们在哪儿都能听到，但是，您上的班会总会让我印象深刻。”我反思他的话，明白这就是集体教育的作用。把学生的问题、班级的问题，以活动、故事的形式呈现给同学们，大家一起分析、思考、判断……在商量中改变、在分析中成长，一个个活动就是最好的教育资源，帮助学生在困难和挫折面前保持积极的心态，理智地看待学习和生活中的各种困难，是对学生进行集体教育、自我教育的有效形式。

和学生在一起，我在逐渐改变，由最初的硬性管理，到班会活动引导；集体教育改变的不只是学生，也在使我不断进步，做到尊重学生、信任学生。我特别感谢遇见了他们，是这群孩子让我懂得用智慧定位，用爱导航，无论遇到什么风浪，我们都能寻求解决的办法，在求学、求真的路上不断远行。

建规立制，建立自主管理的班集体

2012年，延庆三中在孟校长的领导下，开始了小组合作教学探索，我们八仙过海各显神通，在实践中思考小组建设的有效途径。对于起始年级来说，养成习惯很重要，小组评价让学生明确班级管理的各项行为准则，了解自己的行为尺度，逐渐规范行为。评价细则遵循“人人有事做，事事有人管”的原则，我和学生们也依据学生行为和班级建设适时修改、推进。一开始，我们制定的小组评价细则很多，每项内容都有专人负责记录：早晨有学具摆放、桌箱检查；中午有桌面整洁、椅子归位；下午有值日检查；午自习有记录单；课堂有小组每日评分。小组评价让学生忙起来、动起来、静下来，同学们因为课堂加分行动起来，参与课堂，积极学习，维护班级荣誉，营造积极向上的班风。当组员在相处过程中出现意见不合时，组长会在第一时间进行干预处理，充分发挥协调决策职责。于是，我将班级逐渐转交给学生管理、建设，提高了学生的责任意识、管理意识、自觉意识，自助管理的合作型班级管理模式趋于成熟。近几年，我觉得班主任工作得心应手，学生自主管理能力不断加强，班级目标明确、稳定有序、民主团结，小组商讨的组规班纪渐渐地使学生形成了自主自律的习惯。

支教八达岭中学，刺激我自考本科

2015年7月至2017年7月，我到八达岭中学交流支教。学校给我印象最深的是墙上的教师简介，学校一共30位教师，每一位教师都身兼数职，且有着骄人的成绩。他们业务上首屈一指，其他岗位工作也毫不松懈，为学校赢得了验收的一项项成果。我给学校的评价是“人杰地灵、卧虎藏龙”，学校虽小，但我一点不敢怠慢。当看到每一位任课教师的优异成绩时，我倍感压力，在第二年即将结束支教离开这里时，我带出成绩三率均超县平均分的班。另外，八达岭中、小学的两位校长率先开展中小衔接工作，我也算是延庆第一个同时在中小学任教、进行中小衔接尝试的教师。在八达岭中学，我第一年被评为优秀，第二年被评为学校教学能手，算是给支教工作一个圆满的答复。

有一次和张主任聊天时，我第一次意识到了我的大专学历在这里是要给同事拖后腿的。于是，我在工作之余继续学习成人自考的三科未过科目，用一年时间通过了考试，于2017年获得了北京师范大学的本科学历和文学学士学位。

刚到八达岭中学，我就遇到了教育生涯中最特殊的一个学生，我就叫他思思吧。回想初一时我与他的第一次见面，当时我让学生写个人信息，走到他身边，他的目光并不像初一新生那样闪亮，好像有一层淡淡的忧伤，看到他只写了自己和父亲的名字及联系方式，那几个字横平竖直，一点儿曲线也没有，笔直得就像是一道道刻痕，我看着他，他也直愣愣地看着我，稚嫩的小脸上扬，棱角分明，有些消瘦。我说："把妈妈的名字也写上。"他侧着脑袋往上看，嘴里嘟囔着："我妈叫什么来着？"手里不停地抖动那支笔，说着听不清的话，有些焦急。我心里一惊，原来老师们说他特殊是真的，面目清秀的他，让我有些心疼。

开学的第二个星期，因为几个学生作业质量不好，我找了他们，思思也因为不写作业被我找来，他看看身边的同学再看看我，从鼻孔里发出愤怒的几个字"就会拿我出气"，然后一甩脸子，再也不看我，一个人在那儿抖腿晃荡。"不就是打我嘛？"我感到莫名其妙，我只是让同学帮我把他叫到办公室，话还没说，就听到这么一句，孩子与老师的相处竟以这样一句话开始。

在一次与思思家长交流时，电话那头的父亲竟然说孩子是他养的一条狗，有时候甚至连狗都不如，听得我心里很难受，难以想象一个13岁的孩子在家里是怎样生活的。

一天，我们学习莫怀戚先生的《散步》，在讲到“我背起母亲，妻子背起儿子”这一画面时，他莫名其妙地说：“我要有了老婆，我可不打她。”这回，他仰起小脸说得理直气壮，我问他：“为什么这么说？”他说：“你想呀，你打她，她还不跑了？”他眉头紧蹙，说得很急促，似乎想急切地告诉我。听到这里，我想他一定又是想起曾经妈妈被爸爸打跑的伤心事。

初一第二学期，思思逐渐变得暴躁，上课时情绪很不稳定，与老师同学相处时火药味十足，还会因老师上课说话声音大而烦躁得用手捶桌子。一次课间，几个女生正在讨论数学考试的失误，座位上的他突然抓起书本抛向空中，紧接着就掀翻了桌子。我们还没看清发生了什么的时候，他已经跑出教室。

我们教育的目的是什么？最简单的答案不就是最大限度地促进人的发展吗？是什么疏远了师生间的那份亲近呢？

好的关系就是好的教育。以后的日子，我会特意走到他身边，低头问他中午带的什么饭，然后送给他一包饼干；他在操场训练时，我在他身边为他“加油”；课上他回答问题，同学们会投来惊喜的目光；他写完作业我会在全班展示他清楚工整的字迹；他在班里朗读自己的作文，同学们情不自禁地为他鼓掌。慢慢地，他变了，他在作文中说：“她是一个好老师，一个办事认真、说话好听，对人很好的好老师，这样的老师是世上最好的老师。”

4个月的时间，他在自信地成长，收获着学习的快乐，他在作文《我的成长故事》中写道：“我小的时候，做事很冲动，总是做一些让大家很不明白的事。”但是，现在我从他充满阳光的笑脸，看到他变得自信、温顺了，这就是爱的力量。

回归三中，引领示范做领头雁

2017年7月，我结束支教回到延庆三中。一次，一位老师问我把自己现在的工作当成什么来做，是谋生的手段还是事业。我认真地说：“我是把它当成一种兴趣来做的。”而这种兴趣来自学校这片净土对我的吸引以及学生那一双双纯净的眸子的召唤。他们以朝气蓬勃的姿态日复一日地更新着我心底那些经时间冲刷而日益消磨的纯真和烂漫。和他们在一起，我觉得如此美好，为他们付出我的爱，让我倍感教育可以如此浪漫。我幸运，与朝气蓬勃的少年共同成长；我自豪，在我的引领下学生在慢慢长大。在这期间，我带的初二（2）班被评为市级先进班集体，我评上了高级职称、区级语文骨干教师、北京市首批骨干班主任、区级优秀教师、优秀党员。

2020年任教初三，是我感触最大的一年。春节前夕，赶上新冠疫情暴发，特殊时期，我们进行线上教学，为把每节语文课都上得生动精彩，我通过一系列教研，提升自己精讲、精练能力，提升课堂质量。面对初三毕业升学选拔，面对孜孜以求的学生，我不敢懈怠，不敢静观其变，不敢因循守旧，教学中我根据学生问题不断反思、提升，寻找解决问题的办法，即使是线上教学，班级平均分也一直保持在全区前十，最好成绩排到第六名，工作的挑战总让我有一种获得感，更有一种紧迫感。

四、再回首，才知做老师是我的初心与宿命

有一天，儿子问我：“妈妈你的理想是什么，说出三个。”我大脑一时空白，于是我说：“我在工作时想着把别人交给我的活儿干好，当好班主任，做好教学，不给学校拖后腿，不蒙骗学生，教育学生求真；做妈妈时，我会好好给你做饭、不耽误你长个儿，给你洗衣服，让你干干净净；作为妻子，我和你爸爸一起营造温馨和谐的家，让你感到快乐温暖；作为子女，我希望用我的行为告诉你什么是孝顺。”儿子说：“这也不是理想呀，理想是你要成为什么样的人，比如我想成为篮球明星、发明家、歌唱家，你要成为什么人？”我想，我就成为一个有追求的人吧，在自己的能力范围内，不断追求进步，追求提升，追求完美，不一定有一个明

确的方向，但是把自己的当下工作、任务、角色都一一做好，成为一个受欢迎的人，成为对学生有用的人，成为能服务社会的人，不断在工作学习中进步。

如果再选择职业，我依然会选择教师，我觉得我适合做老师。同事说，我有一种与生俱来的平易近人。现在，我能在工作中收获幸福、快乐，每天和一群青春年少的孩子在一起，我活力满满，仿佛自己还和学生们一样年轻有朝气。渐渐地，我的学生由家里叔叔的孩子、舅舅的孩子到同学的孩子，现在已经教到表妹家的孩子，学生已是00后了。我的带班理念也在逐渐发展变化，尊重、理解、关爱、和谐逐渐成为主旋律，慢慢形成“柔性管理”风格。工作中，我总在想，既然做一件事，就应让这件事有个结果，原来总说“但求耕耘，莫问收获”，但我想，既然付出，就应收获，如若不然，就是方法不对，需要调整，不断探索，不断进步。

当初，我因为家人的一句“好好念书，长大考出去”考上师范学校，从此改变了命运，领悟到教书育人的意义；如今，家人的支持、同事的协助、学生的陪伴让我把这条路越走越宽、越走越实，我用20多年的教育经历，为国家的建设出一份力。

时间向前，初心依旧，我愿做一位教师，就在家乡这片土地上，育国之栋梁，嗅桃李芬芳。

理论点评

点评人：朱小爽博士

在王老师的故事中，我们看到了一位生在农村，长在农村，又扎根家乡教育的教师形象。王老师的成长历程有过逆境，也绽放着灿烂的生命之花。从资源匮乏的乡村考出来，来到师范学校上学，经历无数次工作的挑战，最终成为优秀而幸福的教师回馈家乡。一路走来，一路向上，不惧逆境，在王老师身上我们看到了极强的抗逆力——在自己的生存环境中发现资源、选择资源、利用资源、整合资源，让自己和生态环境互赢与共生。[1]在王老师的身上，抗逆力是如何体现并帮助王老师实现自身成长的呢？林恩·沃斯利建构的“抗逆力多纳圈模型”（见图1）或许可以给我们提供一个观察的视角。

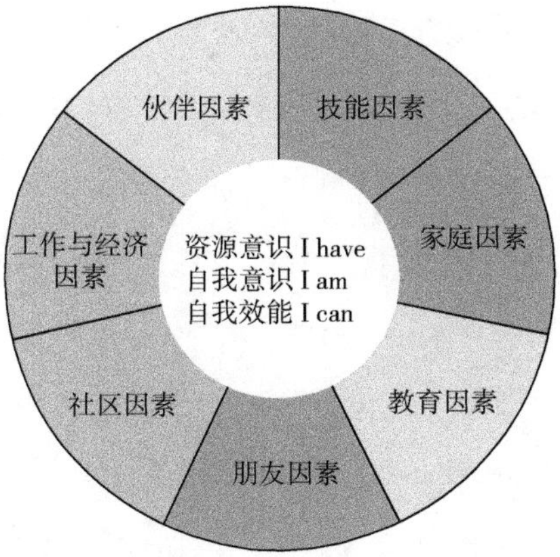

图1 多纳圈模型[1]（田国秀，李冬卉，2017）

1 田国秀、李冬卉:《教师抗逆力研究的三个模型：比较与借鉴》,《比较教育研究》2017年第8期，78—85。

多纳圈模型由内圈和外圈组成，外圈代表个人生活的环境资源，包括伙伴、技能、家庭、教育、朋友、社区及工作与经济因素；内圈代表个体内在资源“3I”，即“I have”，代表资源意识——挖掘自身拥有的外在资源；“I am”，代表自我意识——我所拥有的内在优势；“I can”，代表自我效能——我能完成什么。[1]

家庭为王老师带来归属感，虽然物质条件不富裕，但是父母给予了王老师宝贵的精神财富——做人心向光明、做事踏实条理的内在资源。成长中老师的教育让王老师找到了学习的目标、端正了学习的态度，走上了正确的职业发展道路。工作中王老师在收获友谊的同时，看到了成长的榜样、得到了切实的帮助。而在与一届一届的学生的相处中，面对不同的学生与学情，王老师审视自己的不足，逐渐转变自己的教育理念，成为有智慧、有方法的成熟教师。在这个圈中最特别的是王老师所处的环境因素——她的家乡，首都郊区的乡村。在我们普遍的认识中，乡村相比于城市，拥有的软件与硬件的支持都更少。但在王老师身上，我们看到了乡村教师周围同样蕴藏着丰厚的资源，这就是他们自身的乡土归属感[2]、邻里乡亲的亲切感，以及乡村学生的朴实情感。生于乡村，长于乡村的王老师了解这里的文化、熟识这里的乡亲，学生就是自己的亲人，教书育人也是建设家乡。这让王老师在成为教师之初，于工作不敢懈怠，对学生甚至投入了“超出老师的情感”，与学生建立了深厚的情谊，也收获了教学相长的乐趣和坚定的教育使命，让自己的教师生涯在家乡深深地扎下了根。

生活中并非没有宝藏，有时只是需要自己去发现它们的光芒，而王老师就是一个善于发现光的人，这就是王老师具有的“I have”——资源意识。而在教育实践中不断反思、成长，感受到教师工作意义的王老师，

1 翁盛、王得义：《教师抗逆力视角下农村特教教师赋权增能的路径探析》，《现代特殊教育》2021年第18期，34—39。

2 谭贵平、邹太龙：《新生代乡村教师幸福感的现状、原因及其提升路径》，《教师教育论坛》2021年第12期，38—41。

也逐渐成了一名关爱学生、经验丰富、管理有方的老师，这就是王老师的“I am”——自我意识。慢慢地，在内外资源的滋养中，王老师也成了充满光芒的人，她乐于接受学校交给她的任何工作，不断迎接新的挑战，离开熟悉的环境、中途接班、交流支教，甚至通过成人自考拿下了北师大的本科学历，这些就是王老师的“I can”——自我效能。

每位教师周围的环境中都富含资源，只要充分挖掘自身资源，积极连接环境资源，我们就会拥有抵抗逆境的力量，最终收获职业幸福。

学生点评

点评人：殷雪鑫

王俊芳老师给自己的这一篇文章起名为《每一个遇见都有光》，而我读完后脑子里蹦出的第一句话就是“靠近光，追逐光，成为光，散发光”，我想用这句话来概括王俊芳老师的求学和工作历程，也想用这句话来激励自己。我也曾遇见光，愿我也能成为散发光的人。

首先，我觉得王老师是幸运的，在她成长的道路上，遇见了很多闪闪发光的人。

第一束光来自她的家庭，她父母虽然都是农民，但非常支持她读书，希望她“好好念书，长大考出去”。在人格塑造中，家庭产生着潜移默化而又根深蒂固的影响。同时，孩子也需要家长的陪伴和关爱，需要家长亲密的表达，爱是没有边界的，爱也是无条件的，但我们要给予孩子正确的引导。

第二束光来自她就读的学校。虽然一年级时她遇到了一个“不合格”的老师，但是四年级时的曹老师通过无微不至的关心和帮助治愈了她。初中时，她受到“好好学习，考出去”的鼓励，努力学习，考上了延庆师范学校。当她进入师范学校后，迷茫无助的时候遇到了班主任张艳春老师，张老师用一句话点醒了她，激励了她。

第三束光来自她工作的学校。这里有让她看到什么是敬业和爱学生，知道用行动诠释教师之爱的班主任王树侠老师，有指引她在班主任工作上由青涩到成熟，由不知所措到心有丘壑的研训员辛计伏老师。

这些闪闪发光的人照亮了王老师前进的道路，也激励了王老师去追逐光。在生活上，她能干、坚强。在工作上，她努力向曹老师、张老师靠近，多和学生接触交流，关心鼓励学生。她努力向王老师靠近，爱学生也爱自己的工作。她努力向辛老师靠近，通过不断的学习发现更好的自己。

其次，在我看来，王老师已经成了一束光，照亮了学生。在康庄中学，她关心每一个学生的生活冷暖，引导学生前进。在三中，她深入了解学生的心理需要，真诚关爱学生，站在学生的角度看问题。在八达岭中学，她用爱和教育改变了学生。

联想到我自己，在我的成长过程中，也遇到了很多闪闪发光的人。我的家庭让我成为一个内心充满爱，也愿意散播爱的人。我求学路上的老师们让我知道我应该尊重学生、鼓励学生、关爱学生，要和学生换位思考，要注重家校沟通和家校共育等。今天，王老师也成为照亮我的一束光，她用她的亲身经历告诉我，第一，要走近学生，了解学生各个阶段的需要，建立平等的师生关系，以真诚的态度与学生交流，让他们敢和老师讲心里话。不能以成人挑剔的眼光去评判学生，要用积极的评价使学生感受到“我能行”。第二，要乐于奉献，爱岗敬业，真正做到爱这份工作。要以身作则，做好学生的表率。教师也要争取成为学生的“重要他人”，在与学生的交往中引导他们树立正确的价值观。第三，要走进学生的家庭。家庭是培养学生的第一所学校，这里有学生的第一任老师——父母，学生身上的很多问题，可能在学校里无法找到答案，而一旦我们走进孩子的家庭，见到他们的父母，我们原来的很多困惑便会迎刃而解。因此教师要建立良好的家校沟通，与家长共同促进学生的成长。希望我也能像王老师一样，在学习工作的过程中发现更好的自己，找到并坚定自己的教育信念，早日成为一束光，在学生的心间洒下点点星光，不求多么亮，但至少能为他们打一盏不灭的夜灯。

廿年求索圆师梦　一番风雨路三千

北京市延庆区第三中学

丁俊丽

2000年参加工作的我，至今已经在教师的岗位上苦苦求索了20余年。此刻，在这难得驻足的瞬间，回望来时路，心里涌上的是苏东坡的那句“回首向来萧瑟处，归去，也无风雨也无晴”。20余年里，我努力走向“教师”这个角色，初时像是要在一个暗夜里独自涉过一条陌生的河流，期盼、激动、恐惧、不服输，各种纷繁的情绪纠缠着我；在后来一天一天的坚持下，心里渐渐有了光亮，也生出了不想放弃的韧性；如今，过了不惑之年的我，很欣喜自己已经可以面容平和、内心宁静地面对各种荣辱得失，也清楚自己身为人师该守护的初心和该坚持的方向。

一、一句话的救赎

第一次背着家里唯一的花布书包走在上学路上的时候，我就开始飘飘然地幻想着自己美好的未来了。我时不时地把手伸进书包里，摸一摸那个新买的算术本和那支细小的铅笔。我知道，这是我——一个土生土长的农村孩子，装在这个手工花布书包里的所有希望。

可是我从小就是个傻孩子。我不会围着老师像小鸟一样唱歌，不会用小礼物博取同学的欢心，也没有“能征善战”的哥哥来做后盾。于是，我成了一个被老师和同学遗忘了的人。老师从来没有叫我回答过问题，尽管我也曾争先恐后地举起过手。我对这段时光最清晰的记忆，就是拿着错题连篇的作业本，一遍又一遍地涂改，然后排着队找老师去判断一下自己是不是蒙对了。如果没蒙对，就接着再改，再去排队，一直把有可能对的答案都写一遍，每次都会在老师无可奈何的眼神中做出“我终于懂了”的表情回座位坐下。

一直到四年级的时候，老师破天荒地在课上叫我起来读课文。我顿时手忙脚乱，我觉得当时自己的脸都要着火了。我一只手拿着书，另一只手一个一个地指着那篇叫《小虾》的课文中的字，半天才断断续续地蹦出几个字。老师终于没了耐心，叫我坐下的一瞬间，我顿时松了口气。

随后，她叫起了我身边的学霸，学霸流利地读完了课文之后，又像往常一样得到了老师一连串的夸奖。在这夸奖声中，我的心情由刚刚被赦免之后的轻松变得有一点点酸涩起来。但是我记住了老师当时以我为例教育全班同学的一句话：“读课文其实一点儿也不难，回家提前读一读就行了。”

“其实一点儿也不难”，就是这样一句极其普通的话，竟走进了我一度失落、灰暗的心里。可能是心里微小的自尊终于萌芽了，我不想再次在全班同学面前丢人，于是，我回家开始读课文了，不是默读，是放开声音，在院子里大声地读，对着鸡、鸭、鹅、狗读，对着落日、晚风读。渐渐地，我觉得读书比在大街上疯跑有意思多了。

记不清是多久以后了，老师再一次叫到了我读课文。当我站起来，像那些好学生一样流利地读完一整篇长长的文章的时候，老师和同学们有一瞬间的惊愕，而我在他们惊讶的注视中心跳如雷，那一刻的感觉是以前从未有过的，原来成功是这样的感觉啊！

就这样，我被叫起来读课文的概率大增，我的自信心也在这个过程中一点一点增加了。我慢慢觉得自己也可以像那些好学生一样回答问题，得到老师的表扬和同学的羡慕。到了中心校的时候，我成了学校广播组的骨干，开始代表学校到乡里、县里参加各种演讲比赛。

多年以后，我仍然感谢那句“其实一点儿也不难”的鼓励，就是这样一句来自老师也许是无意间的鼓励，让我从“敢读课文”开始，打开了自己闭塞幽暗的精神世界。初中三年，我是老师和同学眼里的好学生，演讲、唱歌、主持活动到处都有我活跃的身影，现在回想起来，我生命中大部分的自信都是源于当年那不经意的一次鼓励。那句“其实一点儿也不难”，更像是对一颗失落无助的心灵的救赎。

正是在这个由迷茫失落到自信阳光的过程中，我开始得到老师们的各种肯定，开始有勇气抬起头来面对老师的各种目光，他们或温柔，或严厉，或充满期待的眼神让我开始对好老师有了模糊的判断——能让学生听得明白，说话简洁干净，能看到学生的努力。比如，利用晚自习的时间，一板一板地抄写讲解语法，使我至今受益的语文老师；牙疼的时候用一根手指顶着脸，也能启发我们多角度思考，让像我这样的理科小迷糊也能学得明白的数学老师；能把答题的思路给我们梳理得很清晰，讲课也能条理清晰的政治老师。直到现在，他们所传授给我的知识和学习方法，仍在使我受益。

但是，此时的我对于自己的未来仍然是迷茫的，我好像从未想过读完初中之后要干什么。虽然每天朝夕相伴，但是我仍然觉得自己与那些老师，是完全不同的两个世界中的生物。

幸好，有大我10岁身为教师的二姐一路指引。在她的引导下，我参加面试，填报志愿。报到那天，也是她，将一脸懵懂的我送到了延庆师范学校。

就这样，我开始了6年的师范生活，这是我一生中最宝贵，也最充满阳光的日子。早晨6点准时起床跑操，不论寒暑，从不间断；来自中央音乐学院的教授们，带领着我走进了音乐的世界；各种艺术节、科技节的活动和比赛，提升了我的各种能力；琴法、指挥、三笔字、各种球类、各种体操武术、集体舞，这些课程，是那样令人愉悦，如今看来，师范6年所受的教育是名副其实的素质教育了。

这是我所喜爱的学习环境，我在这样的环境中不仅各种活动都积极参与，而且成绩优异。在这6年里，我从一个懵懂青涩的中学生，一步一步朝着心中那个向往的职业角色靠近。教师这个形象，不再是我心中模糊缥缈，甚至高不可攀的，而是我自己将来要去践行的生命角色。

直到我在全国统考中以全县第一的成绩被分配到延庆三中任教高中语文，才依依不舍地离开了生活、学习6年的延庆师范学校，离开之后的20多年间，我还总是梦到当年在师范的学习情景，梦到那个一点一点雕琢和塑造了我的教师之心的地方。

二、一步一步地跋涉

延庆三中是一所城镇完全中学，我去的时候，刚好是它建校的第十年，正是它挺过初时的艰难，逐渐走上正轨，教育教学开始焕发勃勃生机的时期，漂亮的中高考成绩更加激励了老师们的斗志。10年校庆的典礼上，我代表新教师发言，当时内心的激动也是真切的、诚挚的。

由于我是新教师，在这样优秀的团队中，我的焦虑从来没有减少过。年级组长把课表发放到我手里的时候，我才真真切切地意识到我每周要给100多个学生讲10节课，当时就感到有些腿软。

初为人师，我还没有完全从一个学生转变为一个老师。课上、课下不知怎么把握好和学生交往的“度”。上课时，我很少露出笑容，生怕学生看我年轻欺负我，那段时间，课堂气氛不是很活跃，一堂课下来，学生和我都感觉很累。去听其他老师的课，看他们谈笑风生，挥洒自如，很容易就调动起了学生的积极性，课堂气氛融洽而活跃。我认识到，正因为我害怕别人说我不像老师，我才费尽心思要做出一副“老师之态”来，以致身心劳累，不仅没有起到好作用，还影响了自己教学的效果。

从那以后，我认识到“老师”这两个字，不在如何“作态”上，而是要以扎实的基本功，引导学生获得知识和提升能力。

之后的一次外出学习和听课对我产生了很大的影响。亲耳聆听北大、清华等名校教授讲古论今，传授经验教法，不仅开阔了我的视野和思维，更让我产生了一种跃跃欲试的激情。我开始从机械地模仿别人的模式中走出来，尝试着用自己的年轻和热情来调动学生，感染学生。当看到他们为我讲的故事深深地感动而落下眼泪时；看到他们因我提出的一个问题认真思索，不愿轻易放弃时；看到他们课上积极发言，大胆辩论时，我找到了那种久违了的喜悦。我终于也能在课上露出笑脸，也能和他们谈笑风生了。

随着时间的推移，我又出现了新的问题，因为我适应了大学时上课的模式，自己讲课时，思维的跳跃性比较强，致使有一些习惯了慢条斯理的学生跟不上。对此，我很着急，不知从何下手。恰好这时，另一部分学生给了我勇气和信心。他们说，很喜欢这种讲课模式，觉得语文课不再是生搬硬套，按部就班了。他们愿意思考那些需要"跳一跳"才能够得着的问题。来自学生的支持，给了我新的力量和勇气，我也借此机会开导他们，上了高中之后，就要改变初中时的思维模式，试着给自己提出一些更高的要求，不要抱着老一套不放。同时，办公室的各位老师也从各个方面鼓励和支持我，我不再困惑，鼓起勇气拿着课本和教案满学校地找初中、高中的语文老师请教，大到一篇课文的整体构思，小到一句话、一个词语如何设问。同时，我也在备课上更加下功夫，提醒自己多站在学生"学"的角度考虑问题，把课程进度设计得梯度和缓、流畅自然一些。渐渐地，越来越多的学生跟上了我的节奏，师生之间的教学活动也越来越融洽了。

工作中最费心、最劳神的事要算批周记了。刚开始的时候，两个班的周记，我加班加点也要一个星期才能批完。每次，课代表把山一样高的周记本放到我桌子上时，就像在我心上压上了一块重重的石头。可是随着和学生日渐亲密的接触，我发现学生对于周记不再采取应付的态度，更多的同学愿意把自己的心里话写进周记，讲给我听，有的同学还把自己初中，甚至小时候的困惑告诉我。有个学生说：“老师，很多事我一直闷在心里，您是知道我的故事的唯一的人，我信任您。”我渐渐觉得，读他们的周记更像是在品味一段段喜怒哀乐的故事，是在读一颗颗心灵的成长，是一种彼此信任的交流，是一种默契、一种享受。于是，我不再为批周记而愁眉不展，而是把它当作一种很神圣的使命去完成，不敢有半点懈怠，“用心灵去发现心灵，以信任去博得信任”，我悟出了和学生交流的最基本的原则。

刚刚参加工作的我，还没有取得值得骄傲的成绩，也没有其他老师那样丰富的教学经验，但通过不断的摸索学习，我感到自己在为人师表、规范自身思想和素质等各方面都有很大的收获。办公室里和谐、融洽的气氛使我能够很安心地学习和备课；学校的各位领导、教研组里的各位老师，更是在方法和技巧上不厌其烦地对我悉心指导。有这样的热情和鼓励，我便总能信心十足地投入工作，放心大胆地锻炼自己。

还记得第一次参加课题研究，做的是“启发式和讨论式教学”的研究。说起来容易，实践起来却有相当大的难度。我多次向老教师请教，并从他们的教学中汲取精华，运用到自己的教学工作当中，取得了良好的效果。记得在讲《诗经·氓》的时候，学生对氓的人物性格非常感兴趣，在发言的过程中，出现了两种不同的意见，一时间，谁也说服不了谁。针对这种情况，我临时决定，第二天的语文课，举行一次全班性的辩论会，布置学生下去准备。第二天课上，学生的积极性非常高，整堂课都在紧张激烈的辩论中度过，好多学生思维敏捷，妙语连珠，频频赢得全班同学热烈而真诚的掌声。课上我只是起了串联和衔接的作用，学生自己通过辩论得出了最后的结论，于是我趁机鼓励学生以后的语文课上多发表自己的意见和见解，告诉他们“辩则明”的道理。

果然从那次辩论课后，课堂气氛更加活跃了，学生敢于站起来阐明自己的观点和主张了，慢慢懂得如何表达更加具有说服力了，口语表达能力得到了锻炼。

期中考试之后，通过分析试卷，我发现学生成绩有两极分化的苗头，尤其有一些学生，由于他们小学、初中时对语文学习的轻视和错误认识，导致其语文基础非常差，上高中后，他们适应不了这种快节奏的学习方式，有的产生了放弃的想法，有的心里着急却找不到提高的办法。这种情况的出现，又给我提出了新的问题，我再次向各位老教师请教，征求他们的意见和建议。最终决定从学生心理上下功夫，从精神上鼓舞他们、激励他们，让他们从失落和彷徨中走出来。我告诉他们，要勇敢地正视现实，不能放弃，老师并不是只以分数的高低、成绩的好坏来衡量学生，老师看中的是你努力、拼搏的过程。我还请来高年级的语文学霸来和他们面对面交流学习经验和方法。他们的上进心和积极性一点一点地被调动起来，逐渐放下了包袱，甩掉了悲观、失落的帽子。越来越多的学生开始动起来了，他们有的找同学补习；有的晚自习后来找我背课文，补语法；有的主动提出找些好的文章来背诵，丰富自己的写作素材；还有的每周主动写一篇大作文，来找老师批改；甚至有的同学，在自己犯懒之后主动找到我，要求我揍他一顿，让他长点儿记性。他们的种种行为给了我极大的信心和鼓励，也增强了我身为老师的责任感。

像其他新老师一样，从工作的第一天起，我就没有在晚上12点以前睡过觉。一个人静静地在灯下备课或批改作业，实在累了，就到楼道里去溜达一下，或者打开窗子吹吹凉风。多少次，我伫立窗前，看天上闪闪的星光和地上的万家灯火，疲惫的我思绪万千。我所选择的这条人生之路，并不如我想象的那样风平浪静，阳光灿烂，需要我有信心、有耐力、有坚定的信念和永远高昂的斗志，义无反顾地走下去，这其中，必然要付出很多很多。有风有雨的日子会满路泥泞，但只有走过泥泞，才能走向成功。

对于我来说，这种生活很累、很忙，但我愿意永远这样忙下去，在这样的生活中我充实而快乐。这种紧张而忙碌的日子让我深深地体会到，老师的角色，是一片博大的海洋，而我的心已化作奋飞的鸥鸟，穿云破雾，上下求索，只为年少的那一份执着，一份梦想。

就这样，在领导和周围老师的大力帮助下，我走过了蹒跚学步的第一年。第二年要面临会考，我心里没底，恰巧学校此时安排我同时兼任学校团委书记。我知道，这是领导对我的肯定和信任，更是对我的爱护和培养。可是，对于我来说，一边是第一次面对的100多名学生的毕业会考，一边是刚接触的团委工作，我感到压力巨大。但是，我知道，路要靠自己一步步走过来，我相信自己有能力同时完成这两项任务。

面对新的挑战，我以更加饱满的热情一切从零开始，靠自己的勤奋，弥补个人工作经验的欠缺。真是天道酬勤，第一次带领学生参加会考就全员一次性通过，与同组的其他老师持平，没有掉队；而且团委还在第二年获得了北京市五四红旗团委的称号，这也是当时三中团委自建校以来获得的最高荣誉。

2014年7月，因为行政工作越来越精细化，工作量很大，而且语文又是一个大学科，每周课时量本身就多，再加上早读、晚自习哪个也不能少，学校建议我放弃教学，做专职行政。我考虑再三，不想放弃自己对于语文学科教学的喜爱，我做出了忠于内心的选择，分别找了两个校长争取了三次，终于卸下了行政工作，专心进行语文教学。

同时，为了让自己更加全面地把握中学阶段的语文教学内容，我结束了14年高中的教学工作转战初中。面对新的学段、新的学习模式、新的教学和考试内容，还有初次尝试的班主任工作，我有些迷茫。但是我知道，不断磨炼自己、挑战自己、超越自己，也是我作为一个年轻教师成长的重要过程，所以，我也很感谢学校的信任和培养。

当班主任每天都要跟着学生在操场上跑步，一天两次，一次大约2000米。开始时我有些发怵，但是渐渐地我爱上了那种在风中奔跑的感觉。沐浴着阳光，迎着微风，身边是一群风华正茂的少年。置身其中，我感觉自己的心随着跃动的步伐而生机勃勃。

十三四岁的少年精力充沛、充满活力，同时也冲动、任性、自我控制和自我约束能力差。初入中学时，他们阳光、兴奋、快乐，但是也迷茫无助，不知所措。反观我，14年的高中教学经历，让我形成了一定的思维定式，第一次这样正式地面对一群初一的孩子，我14年的工作积淀，一时半会儿也无法充分发挥其作用。

可以想象，一个迷茫的我，加上一群初入中学等待指点的孩子，我们一起坠入了教和学的“迷雾”当中。我们还没从暑假军训成绩倒数第一的失落中走出来，运动会的倒数第一又劈头砸下。面对这样不利的开局，看着孩子们失落稚气的小脸，我告诉自己不能慌乱，要保持冷静。我们分析不足，积累经验，汲取教训，在别人胜利的欢呼雀跃中，安静地思考着自己接下来要走的路。

我在教室黑板的最上面，用红色的粘贴纸贴上了“成功，从学会倾听开始”。同时和大家讨论我们怎样才能最高效地保证听课效率，学会倾听。就是从这9个字开始，喧闹的班级逐渐安静下来，孩子们一点点学会了听课，学会了尊重。

过了一段时间，我又在黑板的上面贴上了“不学礼，无以立”，我们一起讨论应该以怎样的姿态度过三年的初中生活。

再后来，我借母亲节的机会，让孩子回家给亲人们洗一次脚，并且让家长和孩子们把亲子活动的过程，写在精美的信纸上，在第二天我们召开的以“善”为主题的班会上阅读交流。记得那次班会上，孩子们感动得泣不成声，连听课的校长都热泪盈眶。

又过了一段时间，他们面对将要到来的期中考试没有信心，我给他们准备了漂亮的贴纸，布置了一项特殊的作业——在全校范围，找一位师长，请他们帮你写一句能够激励你的话，然后贴在教室的墙上。于是，那个星期我们班的半面墙上贴满了包括校长、教师、清洁工、食堂大师傅等来自各个岗位的学校员工的鼓励。孩子们的眼睛一下子就亮了起来，里面充满了愉悦而自信的光芒。即使是后来，我们做市级研究课，面对来自全市的400多人，他们也敢张开嘴，大声地讲出自己心里喜爱的王羲之，并分享自己对于拓印的小喜悦。就这样，在一步步的摸索中，我们师生相互扶持着度过了初中生活最为迷茫也最为精彩的一年。

初一期末最后一科考试结束之后，我进班组织学生布置会考考场。突然，班里的同学全体起立，面向我深深地鞠躬，一起说道：“谢谢老师，老师您辛苦了！”这一段学生自发导演的小插曲，给初为班主任的我以极大的鼓励。虽然是第一次当班主任，但一年之后，我所带的班级是全年级秩序最稳定、成绩最好、任课老师评价最高的班级，学生对我班主任工作的评分也在全校30多个班级中名列前三。

期末的时候，我坐在办公桌前安静地写着这一年的工作总结，回想着这充满着挑战，但是让我迅速成长的一年，心里是一片恬淡和安适。这种感觉就像是黄昏时候劳累了一天的老牛，卸去一身农具，慢慢地咀嚼着嘴边的绿草；又像是刚刚哄睡了婴儿的母亲，在低眉温柔地看着怀里的宝贝，心里想着他在熟睡前的各种顽皮。走过来了，我在心里感慨的同时，也为当初选择了再一次挑战自己而暗自欢喜。

这种走过迷茫之后的喜悦，让我更加感到了教师职业的伟大。深知要想成为一名优秀的教师，就应具备渊博的知识、高远的眼界和博大的胸襟，才能真正地指点学生的学业和成长。所以，我告诫自己，不论何时，永远都不能停下学习、进步的脚步。

我参加城区的教研活动从不懈怠，以严谨认真的态度完成了首都师范大学在职教育硕士的课程，撰写了两万多字的毕业论文。在北京市农村工作站脱产学习过程中，我以优异的表现赢得了优秀学员的称号，并且在东城区所做的两节研究课获得了东城区语文教研室主任张晓屹老师的好评。即使是初为班主任，任务繁重，我还是主动争取了为期一年的每周五全天到北京教育学院学习的机会。在我心里，学习已经不仅是工作的需要，更是精神上的一种享受。正是因为有着这种积极的心态，我的思想才能不断精进，眼界才能不断开阔，面对教育教学中的各种状况时才能越来越得心应手。

一份春华，一份秋实，在教书育人的道路上我勇于担当，勤于付出，懂得思考，收获的除了一张张证书，更多的是学生反馈给我的那一份份充盈在心间沉甸甸的情感，这应该是身为教师最欣慰的收获。

三、努力葆有生命的鲜活

2019年7月，我离开了工作19年的城镇学校延庆三中，来到位于乡村的下屯学校交流学习。下屯学校是一所乡村学校，我去的那一年它刚刚将小学部和初中部合并，成为九年一贯制的学校。它的初中部很小，我连续教的两届初三每届都只有十几个学生。我来到这里最主要的目的有两个，一个是以教师的身份体会一下乡村小学的氛围。因为我来自这样的农村学校，虽然我当年上学的初中早就已经被撤并了，但是当年那段美好的时光在将近30年之后，还是会时常走进我的梦里。所以，我想有机会再次走进农村的学校，再亲身感受一下乡村泥土的清香。第二是因为我想跳出自己熟悉的圈子，看看我的“舒适圈”之外的世界，所以我争取了好几年，终于有机会跳了出来。与下屯学校一线老师两年来的朝夕相处中，我发现身边的同事都是高人。他们业务精湛，可以轻松地占领各种考试的高地；他们也坚韧静默，从不喧哗扰攘；他们在沉静中坚守着，优秀着，在岁岁年年的时光里，百炼成钢。我在下屯学校的两年里，一点一点地从浮躁到沉静的变化，得益于这里的静美氛围。

在下屯的两年里，除了这里的沉静净化了我，还有一段难忘的经历，我想也会让我受益终身。

2020年2月，因为新冠疫情的影响，我们开始了“网络教学”，每天在接收各种通知、表格、要求、会议、总结等任务之中头昏脑涨。但是上帝在为我们关上了一扇门的同时也为我们打开了一扇窗。

线上教学，福祸相依，我们既直面着挑战，也悦纳着成长。从初时的坐卧不安，到渐渐地能寝食安定了，再到后来也摸索出一些方法，甚至明白了一些道理。于是我总是鼓励自己，可以“好一点儿，再好一点儿”，在“一点儿，一点儿”中修炼自己。

第一，语速慢一点儿，耐心多一点儿。使我意识到说话要慢一点儿的原因有两个：一个是听清华附中邱晓云老师的《议论文复习指导》，一个是有一天一个基础薄弱的学生与我长达一个小时的诉苦式聊天。

邱晓云老师是我佩服的老师，讲课思路清晰，个人积淀殷实，每次听她的课总能收获满满。这些长处都先放下，邱老师讲课语速很快，课堂环环相扣，思维密度极大。她的课堂容量很大，对那些思维敏锐、头脑灵活的孩子，肯定是饕餮盛宴。但是，对线上教学中急躁的我和基础相对薄弱的我的学生来说，太快的语速，只会加重我们师生的焦躁情绪，而我正是一个语速很快的人。

在与学生们沟通的过程中，他们表现出的烦躁、郁闷、无奈也触动着我。我觉得面对这样的局面，我要改变，先从放慢语速开始。于是，我从一个激情的演讲者，慢慢化身为一个娓娓道来的提示者和学习的组织者。我会停下来等，会静下来听，也会耐下心来重复和提醒。课堂上可能没有澎湃的波澜，但是静水流深。放慢的语速，一点点退去了我们师生的浮躁，我感觉内心越来越安静。

第二，讲得少一点儿，落得实一点儿。还记得很多年前，语文界的大咖李卫东老师说：“很多人喜欢把语文课上得热热闹闹的，各种合作，各种争辩，甚至各种表演，觉得这样学生更能学到知识，提高能力。但是，如果一个语文老师很善于讲授，他能将学习内容讲解得深入透彻，精彩绝伦，课堂上没有那么多形式多样的活动，尽管学生只是在安静地听着，但他们的头脑风暴却随着老师的讲解在激烈地爆发。这难道不算是成功的语文课吗?”李老师的这段话影响了我很多年，所以我很崇拜能把《梦游天姥吟留别》讲得激情四射的连中国老师。后来很多年里，我一直希望自己也能成为一个能把课讲得既厚重又有意思的语文教师。

中央电视台以前有过几届《新年新诗会》，都是中国顶级的朗诵家，诵读的内容也都是经典佳作，但是好像只办了3年就办不下去了，因为没有收视率。而线上教学也最终让我明白，我所追求的教学模式，在现实中过于理想化，也会没有“收视率”。所以，我不再追求个人的完美展现，而是慢慢学习看着学生写，听着学生讲，一遍一遍告诉他们为什么“初”字左边是“布衣旁”而不是“示字旁”。

我发现讲得少了，心里反而安生了。

第三，自修深一点儿，头脑活一点儿。网上教学，让我们有更多的机会向他人学习，“空中课堂”的精妙，兄弟学校的高招，丰富的教学资源，亦师亦友的教研员的引领，使我成长的空间豁然开朗起来。越是这样，我越是觉得自己懂得太少，基础太薄弱，与优秀老师差得太远。我很害怕自己随着年龄的增长而变成井底之蛙，而且还不自知地到处空谈。所以我使劲儿逼着自己认真读书、抄书、听课、记笔记、分析、总结，从来不是为了应付领导的检查和评价，而是想努力地反省自己。因为我不想让自己过早地停止生长，我想葆有一颗敏感的心，能够始终生动鲜活地去感知生命的喜怒，并且能够随着时光不断成长丰厚，而不是过早地成为一潭麻木的死水。

第四，脸皮厚一点儿，交流勤一点儿。在下屯学校，我是单人单岗，但是我不想闭门造车，因为孤军奋战容易迷路，我很依赖大部队。以人为镜可以明得失，我很感谢教研活动中的资源交流与共享，尤其感谢我去蹭课的时候那些向我敞开大门的学校和同行。因为这样的活动总让我不自觉地把自己放在全区的大坐标系中上下左右地衡量自己的位置，不断地鞭策自己努力进步。

我的这些可亲可爱的兄弟姐妹，不仅毫不犹豫地把资源共享给我，还一次次满足我厚颜的各种需求。所以，我的精神力量空前强大。

第五，站位高一点儿，谋划远一点儿。我从来没有任何一个时候像现在这样，可以随心所欲地听到那么多精彩的课例和讲座。来自资深教师和专家对于一线教学深刻透彻的引领，让我醍醐灌顶，茅塞顿开。我从那些大咖身上学习应试的方法，也沿着他们指引的方向，摸索语文教学的脉络，尤其是语文教育界的大家温儒敏教授做客延庆，为我们指点迷津。他说："教师，之所以会有困惑，是因为老师自己真正的学习少。"老先生温婉的点拨在我心里点亮了一束智慧之光，解开了我一直以来被各种教学模式、各种理论学说搅乱的心绪，为我指明了一条自我成长、自我完善的理性之路。

想到了刘勰在《文心雕龙》中说，读书需"沿波讨源，虽幽必显"，意思是说，读书就要像沿着流脉去探寻大河的源头一样，即使文义幽深，也一定会明白。读书如是，教学如是，我的成长亦如是。我是一名教师，肩上担着"传道授业解惑"的责任，我到底要传授给学生什么东西？这个问题，不但需要有大智慧，也需要有不忘初心的坚守和执着。

说句实在话，我并不是很会应付各种考试的教师，我很厌倦在各种试题中寻找所谓的考试规律和答题技巧，然后将这些规律和技巧变成一个又一个的套路，再拿着这些套路去和各种出题人斗智斗勇，不死不休地较量。我所向往的语文教与学，是能够跳出"应试"这个怪圈，在更加宽容和融洽的氛围里，教师带领学生感受文化的恢宏灿烂。因为真正能够影响学生一生的东西，从来就不是什么考试重点，而是"有文化的教育"。

我教的是知识，传承的是文化。自己首先要站得更高，悟得更透，才能不照本宣科，不人云亦云。

我想做一名有文化的语文教师，所以我读历史书——黄仁宇的《中国大历史》，樊树志的《国史十六讲》，我想摸着中国历史一脉相承的精神脊梁，去感受老子的洒脱、孔子的孤独和孟子的勇敢。只有将这些先贤精确定位到历史的坐标系中，我们才能更加准确地去解读他们的思想，校正自己的得失。

我想做一名有文化的语文教师，所以我追寻大师们的足迹，我咀嚼南怀瑾的《论语别裁》，也抄写金庸的《袁崇焕评传》，我喜欢听李玫瑾的《成长与心理》讲义，也沉迷于李虹分析的《道德经》。我努力地充实自己的头脑，不想过早地成为一潭死水，没有波澜，没有思想，只会拿来，没有能力去辨析和批判。

我教的是知识，润泽的是情怀。要先浸润其中，才能教学生如何去嗅得花香，闻得鸟鸣；体会恩重如山，领悟上善若水；共鸣于陆游的斗志，杜甫的哀伤；学会习得人性之美,悲悯生命之痛。

我们无论是读诗还是读文，其实都是在读一段段历史，读乱世的沧桑，读盛世的繁华，风云变幻，你方唱罢我登场。我们更是在读一个个鲜活的生命，少年的壮志，暮年的叹息，每一段都是一幅魅力张扬的画卷。所以，我讲诗文，也讲历史，更讲人。从生到死，从凌云之志到贬谪天涯，从壮士四海到骈死于槽枥。曹操的大智大勇大胸怀、李白诗酒之后的孤独、苏轼身集儒释道的光华……这些是能够真正跟随我们师生一生的精神情怀，我们从他们的身上能够学会如何面对人生的光鲜亮丽，如何走过生命的暗淡萧瑟。

此刻想到的是圣人的那句寄托“士不可以不弘毅，任重而道远”。在自我的成长中，虽“道阻且长”，但方向已定，目标已明。无论走过了多长的路途，我都告诫自己不能忘记作为教师的初心，我不能仅仅教给学生“考试重点”“答题技巧”，我更要带着他们去感悟知识背后的文化内涵，给他们发现诗和远方的能力，给他们发现美的眼睛，让他们拥有向往美的心灵。

在我43岁，从教第21年，经历了一段难忘的“线上教学”，完成了两年的城乡交流学习之后，我告诉自己，我想做一名有文化的语文教师。在不断成长的路上，迎着朝阳，大步向前。我想我会甘之如饴，寂静欢喜。

理论点评

点评人：汪甜甜博士

丁俊丽老师从教廿年求索圆师梦的成长叙事，正是一段教师求真向善，超越自我，追求卓越的风雨成长之路。

持续钻研，教亦多术，成就教师专业发展中的教学卓越。一个卓越的教师，必须过课堂关，没有课堂教学做基础，优秀与卓越均没有切实的立身之本。[1]在丁老师的成长叙事中，我们可以清晰地看到她凭借理论学习与实践探索的“两翼”，在提升教育教学能力的发展之路中来回穿梭前行。一方面，她不断聚合资深教师的经验意图与自我的教学指向，正如她提到的“我多次向老教师请教，并从他们的教学中汲取精华，运用到自己的教学工作当中……”，在观察、模仿、借鉴优秀教师之身体化行动中的“实践中的知识”的过程中，不断对照自身的教学实践进行探究和反思，积累自我的“实践性知识”[2]，形成自己对于教学的深刻感悟。另一方面，她坚持探求“教亦多术”的实践智慧，在语文教学中追寻润泽情怀的教育理想，从未停止过学习的脚步。她认为，要想成为一名优秀的教师，就应具备渊博的知识、高远的眼界和博大的胸襟，才能真正地指点学生的学业和成长。她坚信能够影响学生一生的从来不是所谓的“考试重点”，而是真正“有文化的教育”，为了更好地向学生传承文化，她努力领悟历史的理性经典，追寻文学的精神情怀。从教廿年，她不断告诫自己，不论何时，永远不能停下学习、进步的脚步，不断为自己铺就走向教学卓越的前进之路的精神，让人倍感动容。

---

1 张忠宝:《教师专业成长要明确三个方向》,《中国教育学刊》2018年第7期，104。

2 魏戈、陈向明:《主体性的浮现：教师实践性知识的教育性意义》,《教育探究》2019年第5期，56。

交往有道，向善而行，实现教师专业发展中师生相处与生命充盈的卓越。加拿大教育家马克斯·范梅南在对“教育”进行的概念词源学分析中指出：教育性关系本质上是一种师与生的双重意向性关系。[1]丁老师在二十余年的从教生涯中，始终将对学生的教育关怀和生命意蕴置于教学工作的重要位置。“用心灵去发现心灵，以信任去博得信任”是她与学生交流时的基本原则，尊重和倾听少年的愿望是她“心中有生”的切实体现。丁老师不仅传授基本的知识与技能，带领学生体验过程与方法，同时也教会学生“成功，从学会倾听开始”，引领少年“不学礼，无以立”，在情感、态度、价值观等方面引领学生向“善”的终极目标前进。正如陈桂生教授所言：“教育的本真意义就是指对人的‘善’的影响，也就是说，要使人向善。”

丁老师的成长叙事向我们生动地诠释了教育中“卓越”二字的意蕴——卓越教师不仅仅是教师群体的专业发展与自我价值的实现，更重要的还在于使学生的生命之花自由绽放和尽情盛开。

学生点评

点评人：陈蓝希

读完丁俊丽老师的《廿年求索圆师梦　一番风雨路三千》，我深受感动，这位勤勤恳恳扎根中学教育20余年、平凡又闪光的语文教师，她的教师职业经历与一路走来的心灵历程中的种种都给我留下深刻的印象。然而，这其中最触动我的还是她作为一位树立了“终身学习”信念的教师，那种不断探索、不断调整、不断向前的姿态，像一棵枝繁叶茂的大

1　马克斯·范梅南：《教学机智——教育智慧的意蕴》，李树英译，教育科学出版社，2014。

树，永远向着阳光生长，散发出勃勃的生机。

丁俊丽老师在文中展露出的形象是积极向上、充满活力、保持着昂扬的姿态的。从学生时代起，她就以最饱满的热情面对一切学习和活动、机遇和挑战，她在这片沃土之中充分吸收雨露和阳光，蓬勃生长。当走上教师工作岗位之后，这样的生长也没有停止，而是以一种更主动的姿态延续了下去。她外出学习、听课，向教师前辈请教，从他人的教学中汲取精华，逐渐摆脱了作为新教师的青涩，从机械模仿中走出来，渐渐形成属于自己的教学风格，用自己的热情去感染和调动学生。丁俊丽老师的教学风格也是活跃的、热情的，引领学生自由思考，鼓励学生突破困难。而更难能可贵的是，在适应了这种工作方式并取得成绩之后，丁俊丽老师并没有沿着这样的“康庄大道”一路走下去，而是在思考与探索之后，主动做出新的调整与改变，在迎接挑战的过程中，给自己寻找新的机遇、开拓新的生长空间。作为语文教师，她更是长期保持了阅读的好习惯，读历史，读文学，读心理，从前人的智慧中汲取养分，充实自己的文化内涵，再转头去灌溉与滋养学生，给予学生发现诗和远方的能力。我相信，她这种永远保持生命鲜活，永远不断生长和前行的姿态，也一定在无形之中感染和鼓励着她的学生，使学生们在未来的人生道路上，也能保持着思考、成长与探索的活力，如流水一般滔滔不绝地奔涌。这是她在知识文化之外带给学生的一笔精神财富，必能使他们受益终身。

我即将成为一名教师，站在学生生涯与教师生涯的交叉口，我也难免迷茫无措。但我想，只要我抱定“终身学习”的信念，像丁俊丽老师那样永远以积极昂扬的态度面对一切，不断学习、不断求知、不断探索、不断突破，不断用新鲜的知识和活力充实自身，那么我也一定能够解决一切问题，以一个向着阳光的姿态，在职业道路和人生道路上大踏步向前。